中国科普作家协会国防科普委员会推荐图书

舰船科普丛书

国之重器

中国船舶及海洋工程设计研究院
上海市船舶与海洋工程学会
上海交通大学
主编

客 船

牟蕾频 郭彦良
编著

上海科学技术出版社

图书在版编目(CIP)数据

客船 / 中国船舶及海洋工程设计研究院，上海市船舶与海洋工程学会，上海交通大学主编；牟蕾频，郭彦良编著. —上海：上海科学技术出版社，2020.2
（国之重器：舰船科普丛书）
ISBN 978-7-5478-4783-1

Ⅰ. ①客…　Ⅱ. ①中…　②上…　③上…　④牟…　⑤郭…　Ⅲ. ①客船–青少年读物　Ⅳ. ①U674.11–49

中国版本图书馆CIP数据核字（2020）第026654号

国之重器　舰船科普丛书

客船

中国船舶及海洋工程设计研究院
上海市船舶与海洋工程学会　**主编**
上海交通大学

牟蕾频　郭彦良　**编著**

上海世纪出版(集团)有限公司
上海科学技术出版社　出版、发行
(上海钦州南路71号　邮政编码200235　www. sstp. cn)
上海盛通时代印刷有限公司印刷
开本 787×1092　1/16　印张 13
字数 220千字
2020年2月第1版　2020年2月第1次印刷
ISBN 978-7-5478-4783-1 / N·201
定价：80.00元

本书如有缺页、错装或坏损等严重质量问题，请向工厂联系调换

内容提要

客船是人类社会最早的水上交通工具，经过千百年的发展演变，至今仍在人们的水上生活中扮演着举足轻重的角色。

本书介绍了传统客船、豪华邮轮、客滚船、火车渡船和小型高速客船等主要客船类型，从它们的渊源、家族、设计理念、技术特征、总体布局、结构、主要设备与代表船型等，全面展现这些客船在旅客运输和水上休闲等领域的重要作用，并与读者一起畅想未来的客船。

本书图文并茂，集知识性与趣味性于一体，可作为青少年科普读物，也适合对船舶知识感兴趣的读者阅读。

国之重器——舰船科普丛书

编委会

主　任

邢文华

副主任

黄　震　卢　霖　林　鸥　盛纪纲　胡敬东
韩　华　张　毅

委　员

陈　刚　沈伟平　姜为民　李小平　黄　蔚
赵洪武　王　洁　冯学宝　王　磊　张莉芬
张达勋　张　超　景宝金　吴伟俊　倪明杰
许　刚　孟宪海　王文凯　韩　龙　余继亮

国之重器——舰船科普丛书

专家委员会

主 任

曾恒一 潘镜芙

副主任

韩 华 郑茂礼 郑 晖 杨德昌 田小川

委 员

王佩宏 张照华 郭彦良 张关根 杨葆和
俞宝均 张文德 张福民 涂仁波 毛献群
张祥瑞 马 涛 吴正廉 徐寿钦 陈德耀
张仲根 戴自昶 张 帆 田立群 罗杏春
马炳才 刘厚恕 张太佶 张富明 李志刚
李新仲 谢 彬 王建方 李刚强 吴 刚
徐 萍 王彩莲 张海瑛 仲伟东 于再红
丁伟康

国之重器——舰船科普丛书

编辑部

主　编

张　毅

编写人员（以姓氏笔画为序）

于再红	卫琛喻	王　庆	王　建	王　莉
王建方	韦　强	曲宁宁	任　毅	刘积骅
祁　斌	牟朝纲	牟蕾频	杨　添	李　成
李刚强	李招凤	吴贻欣	邱伟强	张宗科
张富明	林伍雄	范永鹏	尚亚杰	尚保国
罗杏春	单铁兵	赵吉庆	段雪琼	俞　赟
施　璟	洪　亮	姚　亮	贺慧琼	秦　硕
徐春阳	唐　尧	陶新华	黄小燕	曹大秋
曹才铁	曹永恒	梁东伟	韩　龙	虞民毅
魏跃峰				

总序

海洋之美，浩瀚、静谧、神秘。人类生存的地球表面71%覆盖着海洋，陆地被海洋包围着，仿若不沉之“舟”。

中华人民共和国，既是一个拥有960万平方千米陆地疆域的陆地大国，也是一个东部和南部大陆海岸线约1.8万千米、内海和边海的水域面积约470万平方千米、海域分布有大小岛屿7 600多个的海洋大国。提高海洋资源开发能力、发展海洋经济、保护海洋生态环境、坚持维护国家海洋权益、建设海洋强国，事关国家安全和长远发展，也对实现中华民族伟大复兴的中国梦具有十分重要的战略意义。

工欲善其事，必先利其器。经略海洋，装备当先。只有拥有强大的海洋装备作支撑，才能形成强大的海上力量，才能保障安全可靠的海上能源和贸易通道，才能拥有海洋权益的话语权。能犁开万顷碧波的舰船，正是建设海洋强国的“国之重器”。

经过几代中国舰船人的努力，我们取得了骄人的成绩。第一艘航母已交接入列，第二艘航母又下水海试；新型弹道导弹核潜艇受到世界各国的关注；“滨州”号护卫舰、“昆仑山”号船坞登陆舰等在亚丁湾为过往船只保驾护航；“临沂”号护卫舰参与也门撤侨，彰显大国担当；“和平方舟”号医院船多次赴海外开展医疗服务和救灾援助；自主设计制造的20 000箱超大型集装箱船助力中欧航线的运输；“天鲲”号绞吸挖泥船向世界展示什么叫作历练终成金；“雪龙2”号科考船即将承载起极地探索的使命……

这一个个令人振奋的消息背后，是“国之重器”建设大军只争朝夕、锐意进取、拼搏奋斗、攻坚克难的身影。“功以才成，业由才广”，世上一切事物中人是最宝贵的，一切创新成果都是人做出来的。硬实力、软实力，归根到底要靠人才实力。科技发展史证明：谁拥有了一流创新人才、拥有了一流科学家，谁就能在科技创新中占据优势。

在中国建设海洋强国的道路上，“国之重器”建设大军的每一个岗位都必须后继有人，有人传承，有人接班！

少年强则中国强。为增强青少年的海洋和国防意识，普及舰船和海洋工程科学知识，我们编撰了一部以青少年为主要对象、面向公众的科普读物“国之重器——舰船科普丛书”（简称“丛书”）。丛书以舰船为主线，全面展现新中国成立近70年以来，自主研制国之重器的艰难历程及取得的辉煌成就，使广大青少年从中汲取知识、增长才干、坚定信念、强化担当。

这套丛书共20分册，涵盖海洋防卫、海洋运输、海洋科考、海洋开发等方面，包括：海上霸主——航空母舰、深海巨鲨——潜艇、海上科学城——航天测量船、探究海洋奥秘的科学考察船、造船工业皇冠上的明珠——液化气运输船、海上巨无霸——集装箱船、超大型油船、造岛神器——大型挖泥船、海上石油城——钻井平台等。

丛书由从事舰船和海洋工程科研、设计、建造的100余位专家、技术骨干和青年科技工作者执笔，并经30余位专家审阅，历时2年编写而成。

当代青少年和公众涉猎面广，超前意识和多维立体思维能力强，具有令人刮目相看的理解能力。丛书撰写者充分考虑到青少年和公众读者的阅读要求，量身定制、兼收并蓄，将舰船知识图谱化，采用重点讲解、型号示例等方法，使专业知识通俗易懂，增强了丛书的可读性。

博览众采，传承知识。丛书通过科学的体例设置，涵盖军用舰船、民用船舶和海工装备的相关知识，体系庞大而有序，知识通俗而有内涵，突出展现了丛书内容的鲜明特色，使广大青少年读者一书在手，舰船在胸。

—— 图谱化的舰船知识。丛书坚持知识性与趣味性相结合，以图文并茂的形式对一些典型舰船进行集中讲解，以便让读者掌握舰船的特点。

—— 通俗化的专业知识。丛书坚持专业性与通俗性的有机结合，用朴实的篇章构建舰船知识链，用易懂的语言精准描述舰船的工作原理、性能特点。

—— 人文化的历史知识。丛书追溯舰船诞生的起点，展望舰船发展的未来，彰显舰

船历史的人文特色，描绘出一幅幅人类设计建造舰船、塑造海洋文明的生动画卷。

拓展视野，启迪心智。丛书以舰船为载体，为广大青少年读者打开了世界舰船知识之门、中国舰船科技之窗，让读者驾驶生命之船，扬起思想风帆。

—— 认清大势，强化理念。丛书以舰船为媒，引导读者正确认识世界和中国。半个多世纪风雨兼程，中国船舶装备在变，舰船航迹在变，唯有“国之重器”建设者们“忠于党、忠于人民、忠于国家”的初心不改，信仰不变，继续弘扬突破自我、敢为人先的工匠精神，锲而不舍，发愤图强，国家利益所至，科技创新必达！

—— 明确主题，播种梦想。丛书以中国舰船制造励精图治、自力更生、发奋图强、勇创辉煌的历史红线，为每个青少年播种梦想、点燃梦想，让更多青少年敢于有梦、勇于追梦、勤于圆梦。

激扬青春，陶冶情操。理想指引人生方向，信念决定事业成败。丛书倾诉舰船昨天之历史故事，弹奏舰船今天之恢宏篇章，高歌舰船明日之瑰丽远景。

—— 弘扬爱国主义精神。丛书立足民族、面向世界，旨在激发广大读者的爱国情怀；以科学的视角，生动介绍了新中国成立以来我国舰船及海洋工程研制所取得的成就，讲述一代又一代科技人员怀着深厚的爱国情怀，为中国舰船事业发展所作的贡献。

—— 倡导奋进创新思想。丛书用世界舰船的历史史实启发读者认知：创新是民族进步的灵魂，是一个国家兴旺发达的不竭源泉。广大青少年读者应敢为人先，勇于解放思想、与时俱进，敢于上下求索、开拓进取，树立雄心壮志，努力超越前人。

—— 激励艰苦奋斗精神。丛书用中国舰船的历史史实引领读者感悟，我们的国家、我们的民族，从积贫积弱一步一步走到今天的繁荣富强，靠的就是一代又一代人的顽强拼搏，靠的就是中华民族自强不息的奋斗精神。

2016年5月30日，习近平总书记在全国科技创新大会、两院院士大会、中国科协第九次全国代表大会上的讲话指出：科技创新、科学普及是实现创新发展的两翼，要把科学普及放在与科技创新同等重要的位置。希望广大科技工作者以提高全民科学素质为己任，在全社会推动形成讲科学、爱科学、学科学、用科学的良好氛围，使蕴藏在亿万人民中间的创新智慧充分释放、创新力量充分涌流。“国之重器——舰船科普丛书”正是习近平新时代中国特色社会主义思想的生动实践。

愿：“国之重器——舰船科普丛书”构建一座智慧的熔炉，锻造中国青少年威武铁甲！

愿：“国之重器——舰船科普丛书”筑起一个知识的平台，助力中国青少年纵横海疆！

愿：“国之重器——舰船科普丛书”插上一双理想的翅膀，引领中国青少年翱翔海天！

曾恒一 潘镜芙

中国工程院院士

2018年8月

前言

客船，顾名思义是一种专门用于运送旅客及其所携带的行李等物品的民用船舶。它的发展历程源远流长，早在7 000年以前，人类的祖先就发明了水上载客的交通工具。在飞机尚未大规模应用之前，客船是沿海城市与城市、岛屿与陆地、岛屿与岛屿和跨越大洋的主要交通工具。

随着社会经济发展、科学技术水平的提高和制造能力的进步，当今的客船已与其先前不可同日而语，它不仅是水上运输不可或缺的工具，更是促进社会经济发展、满足人们日益增长的对美好生活需求的重器。如被业内人士公认的造船工业的三大明珠之一——豪华邮轮，集旅游、休闲于一体，为人们提供了多姿多彩的水上生活。

客船的种类繁多，按航行区域分为：远洋客船、近海客船、内河客船。按用途分为：客船、客货船、渡船、旅游船。按结构、功能特点分为：普通客船、豪华邮轮、客滚船、火车渡船、小型高速客船等。

为了让读者了解客船，本书将各种客船独立成章，介绍它们的渊源、家族、设计理念、技术特征、总体布局、结构、主要设备及代表船型。

书中介绍了新中国客船发展历程和取得的成绩，展现了豪华邮轮之“大”、之“华”、之“美”、之“趣”，可靠的船体强度、强劲的动力、宽阔的空间、豪华的装饰，以及节能与环保性能；客船的后起之秀客滚船的车辆上下、内部设置、动力系统、可靠的稳性和安全性；火车渡船如何做到人、车、货运集于一船，火车上下，以及火车渡船的抗风性、自动化和安全性；小型高速双体、多体船及地效翼客船的原理、耐波性、操纵性、自动控制和经济性等。

21世纪是海洋世纪，各类船舶的发展方兴未艾。客船的发展除了现代豪华邮轮外，客滚船等客船上也越来越多地引入娱乐休闲元素，为人们提供更加舒适的旅行环境，感受陆上无法比拟的水上生活。

本书还对客船未来的发展作了展望，期盼读者通过本书了解、热爱客船，也期待有志于客船事业的青少年接力奋斗，设计建造更加先进的客船。

编者

2019年12月

目录

第1章
"乘风破浪"的梦想 / 1

一船知兴衰 / 3
多姿多彩的客船家族 / 8
"宾至如归"的客船设计理念 / 12

第2章
传统客船 / 19

工业革命的海上留影——远洋客船发展简况 / 20
"泰坦尼克"号与《海上人命安全公约》/ 29
新中国撤侨第一船——"光华"号 / 34
我国的沿海客船 / 36
长江客船 / 41

第3章 华丽转身的豪华邮轮 / 47

现代豪华邮轮登场 / 49

美丽的海上欢乐城——豪华邮轮的风采 / 51

豪华邮轮的设计奥秘 / 61

邮轮的建造 / 71

世界主要邮轮公司与代表邮轮 / 76

中国邮轮建造启航 / 82

第4章 能载汽车的客滚船 / 87

客滚船小档案 / 89

认识客滚船 / 92

客滚船的设计难点 / 97

我国的客滚船明星 / 100

国外的客滚船明星 / 113

贯彻国防要求的客滚船 / 117

第5章 火车渡船 / 121

火车渡船简史 / 123

火车渡船初探 / 127

我国第一条跨海火车渡船——粤海铁系列船 / 131

我国最长的跨海铁路轮渡用船——烟大火车轮渡渡船 / 137

第6章 小型高速客船 / 143

更轻、更快、更炫的小型高速客船 / 144

小型高速船揭秘 / 146

水翼艇与气垫船 / 148

高速双体船、多体船 / 151

水上“飞船”——地效翼船 / 161

第7章 重回自然怀抱的客船 / 167

以人为本，绿色先行 / 169

海上营地——探险邮轮 / 175

参考文献 / 188

后记 / 190

GOTLAND

第1章

“乘风破浪”的梦想

我们生活的地球被称为“蓝色星球”，它的表面70%以上的面积为海洋。人类探索自然的愿望几乎与生俱来，我们的祖先早在7 000多年前就制造出了水上交通工具，并开始了水上航行活动，这可以说是原始客船的雏形。

喷气式飞机普及以前，跨越大洋的唯一工具便是客船。对于世界上的沿海、沿江城市或岛屿地区，客船仍是方便的交通工具。如今，对客船的定义要严格得多，按照《国际海上人命安全公约》规定：凡载客12人以上（不包括船上工作人员）的船舶即为客船，无论是否同时载有货物。

随着人们水上活动的需求不断变化，客船也从最初的交通运输功能，逐渐发展出了旅游、休闲等更丰富的内涵。正是客船让人类实现了“乘风破浪”、畅行水上世界的梦想。

> 图1 “蓝色星球”——地球

一船知兴衰

造船业是古老而重要的产业，世界各大文明古国都曾拥有发达的造船业；近代工业革命后，造船业更是发展成为综合性极高的产业，需要众多行业协同合作，所以造船业的发展可以反映出一个国家的制造业水平，乃至综合国力，可谓“一船知兴衰”。

古代的世界海运大国

中国是世界上航海与造船历史最悠久的国家之一。古代中国在船舶原理及设计、船体结构、推进装置、船舶操控和船舶建造工艺等方面的成就举世瞩目。

春秋战国时期，我国出现了规模较大的木帆船组成的船队。传说中秦代徐福的船队东渡日本，西汉海船远航到了印度洋，海上丝绸之路此时开始逐渐形成。三国两晋南北朝时期，东吴的船队到达南洋，法显从印度航海归国，中国船队最远已经航行到了波斯湾。隋唐五代与宋元时期，中国航海业全面繁荣，海上丝绸之路已连接起了红海与东非之滨。

造船技术方面，唐宋时期，中国将铸铁术应用到造船业中，结合已有的木器制

> 图2 徐福东渡所用船

小贴士

国际海上人命安全公约

《国际海上人命安全公约》(International Convention for Safety of Life at Sea，SOLAS)是各缔约国政府共同制订的旨在增进海上人命安全统一的原则和有关规则，所有相关范围的客船设计建造都必须遵守这一公约。

造技术，使得造船材料发生飞跃；罗盘的发明让航海导航取得重大突破，造船水平达到了新的高度。在许多历史记载中写道：唐宋以来航行于东亚与西亚海域的船只，以中国的大型木船为最好。

> 图3　郑和宝船复原模型

在明代，伟大的航海家郑和率领远洋船队，先后七次下西洋，遍访亚非各国。郑和航海的盛举，成为中国古代航海业最辉煌的篇章。明代中叶，大量的中国船只航行在中国至欧洲、美洲的跨洋航线上，中国船只的实用性让西方人大为赞叹。可惜明代以后的中国实行了海禁、闭关的政策，使得帆船时代的航海技术没有更进一步发展，而在世界造船舞台上渐渐落后。

古代西方世界的人们也在不断尝试航海活动。早在公元前2500年以前，古埃及就有人驾驶帆船沿地中海东航行至黎巴嫩；公元前4世纪，古希腊人在海上探险中发现了不列颠群岛。

14世纪前后，阿拉伯人和埃及人将中国的罗盘技术引入欧洲，大大推动欧洲海洋国家的航海活动。在大航海时代，1492年意大利人哥伦布横渡大西洋到达美洲，使欧洲与美洲建立起连接；1497年葡萄牙人达·伽马开创了从欧洲绕过好望角直通印度的航线；1519年葡萄牙人麦哲伦完成人类首次环球航行。

> 图4　古代西方远洋帆船

工业革命以后的造船业

工业革命以来近100多年，造船业的发展不仅在船体材料、推进动力、建造方法方面成果迭出，而且在船舶大型化、多样化和专用化方面发生了巨大变化。

19世纪中叶，工业革命领先国家的远洋运输船舶发展起来。随着远洋客运需求增长，大型远洋客船被相继建造出来，用于大西洋航线以及连接东西方的大洋航线，开辟了前往西亚、东亚、澳大利亚及横渡大西洋的定期航线，描绘出了遍布全球的航海版图。

20世纪上半叶，大型远洋客船的建造达到高潮，著名的“泰坦尼克”号、“玛丽皇后”号等都是在这个时期建造的。

中国近代造船业有两个摇篮，一个是

江南制造总局，一个是福州船政局。江南制造总局创办于1865年，是晚清中国最重要的军工厂，也是近代最早的新式工厂之一，是我国近代机械工业开端。1911年江南制造总局建成百米客货船“江华”号。20世纪20年代，根据国外设计图纸建造出

> 图5 近代远洋客船

> 图6 “江华”号客货船

一批万吨货船，体现出一定的造船能力。福州船政局创建于1866年，是当时远东第一大船厂，以建造军舰为主。这一时期的中国正在为民族存亡而奋斗，造船工业受到影响，远远落后于世界先进水平。

奋起直追的新中国水上客运事业

新中国建立之初，国际局势动荡，我国经常需要通过海上渠道进行国家间接送、护送大批人员。那时的中国还没有自己建造远洋客船的能力，只能租船或向国外船厂订造和购买。

为更好地满足客运发展的需要，中国开始自行设计建造近海客船，建造了以“长征”号及华南线客船为代表的沿海客货船系列，出色地完成了新中国成立以后和改革开放初期的海上客运任务。

中短途水上客运受其他交通工具发展

> 图8 中韩国际航线上的客滚船

> 图7 20世纪70—80年代我国的客货船

的影响相对较小。随着滚装船技术的发展，从20世纪80年代起，在渤海湾、东海、南海等海湾、海峡地区，以及内河中短途客滚船航线上，纷纷采用客滚船，将水路运输与公路运输很好地结合起来。渤海湾地区更是形成了以“珠”字系列（10余条大型客滚船）为代表的船队，发展出雄厚的海上运输能力。

海上交通客运除了采用常规客船，还有一批综合性能优越的小型高速客船，如气垫船、水翼船、双体船等，大大提高了水上交通的运输效率，也带给乘客更为舒适的乘坐体验。

世界邮轮产业经历转型后，以休闲旅游为目的的现代邮轮业在北美、欧洲等地蓬勃发展。近年来我国邮轮航线也初具规模，邮轮市场快速增长，中国自行建造的大型邮轮已于2019年10月开工。

> 图9 远景级豪华邮轮

多姿多彩的客船家族

客船航行的区域多种多样，航线距离和水域环境情况各不相同，船上除载运乘客以外往往还带有其他物品，这些特性让客船家族日益壮大，形成庞大的客船队伍。

客船按航区可分为：远洋客船、近海客船和内河客船等；按用途可分为：客船、客货船、渡船和旅游船等；按构造、功能特点可分为：普通客船、豪华邮轮、客滚船、小型高速客船等。

传统客船

我们将以运送乘客完成水上交通任务

> 图10 “玛丽女王2”号远洋客船

> 图11 近海客船“上海”号

为主的客船称为传统客船。最初的客船是客货混装的，后来因客货运量增加，旅客运输功能和货物运输功能逐渐分离，分化出纯粹服务旅客的客船。

大型远洋客船（也称邮轮）曾经是客船中最重要的一类，但随着喷气式客机的发展，远洋客船逐渐衰落，而中短程运输型客船不断发展变化，并分别向豪华邮轮和客滚船转变。

现代大型豪华邮轮

现代大型豪华邮轮，通常航行于各大洋、靠泊在旅游城市的港口，主要用于休闲、旅游。它集现代造船业与工业艺术设计之大成，被称为“造船皇冠上的明珠”。

> 图12 豪华邮轮

豪华邮轮外观设计美观、吨位较大，目前最大的豪华邮轮已超过20万总吨位，船上生活设施齐全且装饰豪华，犹如一座“海上浮动城市”。

渡船、客滚船

渡船是用来运载乘客横渡江河、湖泊、海峡等水域的船只，是短程运输的客船。渡船一般采用定期定点的方式提供往返服务，又称班船（轮）。近年来，越来越多的渡船除了基本的交通服务外，也开始提供船上住宿和娱乐服务。有些渡船还能够载运汽车、火车和其他货物。

旅客渡船

旅客渡船用来载运旅客及其随身携带的物品，构造相比其他类型渡船简单。

车客渡船、客滚船

有些渡船除了运载乘客，还可以同时运载其所驾驶的汽车，这就是车客渡船。

客滚船一般为几千至几万总吨位，可载客几百至几千人，配备一定的卧舱和散

> 图14　车客渡船

> 图13　旅客渡船

> 图15 客滚船

座舱。

火车渡船

火车渡船是能够载运铁路车辆的渡船。火车渡船上铺有铁道，火车可从陆上铁道开到船上，然后乘船过海。火车渡船建立起的“海上铁路”，很好地解决了海峡（内河）地区的渡海（渡河）铁路运输问题，为跨海、跨国的水陆联运创造了便利。

> 图16 火车渡船

小型高速客船

水路客运的效率与其他交通方式相比处于劣势，目前常规型客船在速度上的潜力几乎发挥到极限。为满足乘客安全、快速、舒适、经济等方面的需求，20世纪中叶开始出现了一些小型高速船，航速一般超过25节，并具有浅吃水、耐波性好等优良性能，也被称为高性能船舶，包括水翼船、气垫船、双体船、小水线面双体船和穿浪型船等。

> 图17　小型高速客船

“宾至如归”的客船设计理念

客船是为旅客提供水上服务的工具。除了具有一般船舶的基本构造，客船设计所强调的核心要求是：保障旅客的安全，并提供舒适、愉快的水上生活条件。

外形美观，船上空间要求高

船舶一般可由上甲板划分为主船体和上层建筑。上甲板以下为主船体，其上则为上层建筑。为了给乘客提供足够多的空间，常规客船的上层建筑发达，甲板层次多，整体造型美观大方。

船体构造简述

船的前端叫船艏，后端叫船艉，船的两边叫船舷，船舷与船底交接的弯曲部叫舭部。连接船艏和船艉的直线（中心线）把船体分为左右两半，从船艉向前看，右边叫右舷，左边叫左舷。

船体底部以上水平方向布置的平面结构称为甲板，船体被甲板分为上下若干层。最上一层连续甲板（所有开口能密封并保证水密），称为主甲板，也称上甲板。

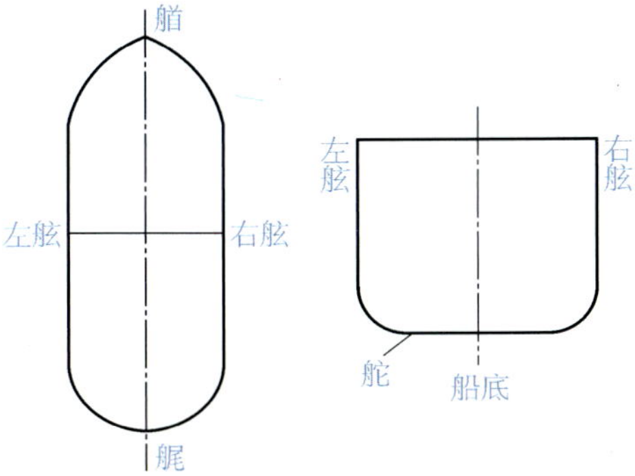

> 图18 船体主体轮廓示意图

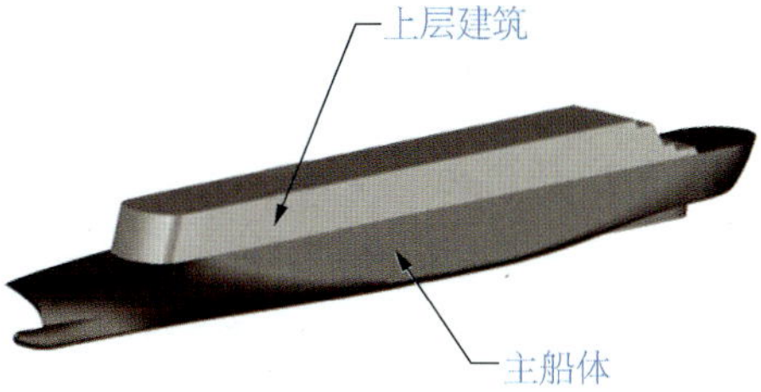

> 图19 主船体与上层建筑

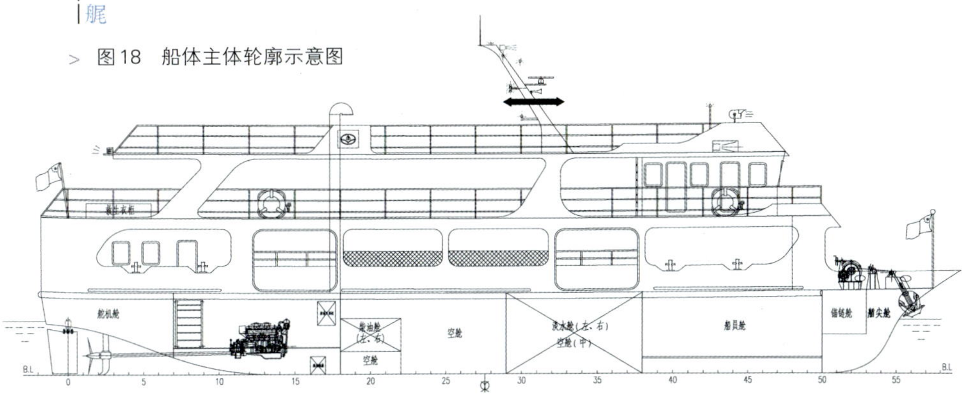

> 图20 客船侧视图

主甲板将船分为上层建筑和主船体。

主船体及上层建筑为船上人员以及货物、动力装置和油、水等物料提供装载的空间。

主船体一般是用各种规格钢板和型材焊接而成，由船底、两舷、艏端、艉端和甲板组成水密空心结构。船底有单底和双底结构，由船底外板（包括平板龙骨）、内底板和内底边板（双层底结构的船有）、纵向骨架、横向骨架等构件组成。主船体产生的浮力让船舶能够漂浮在水上。

如何衡量客船的大小

客船在运载乘客之外，还可能运载车

小贴士

总吨位

总吨位是按照《吨位丈量规则》丈量所得的船舶内部空间的容积，包括船舶主甲板以下及以上船舱内所有封闭处所内部容积的总和（以立方英尺测算）除以100立方英尺所得的商数。

为便于理解，可将总吨位与载重吨对比，载重吨为重量概念，是指船舶能够装运的燃油、淡水、人员与货物的总重量。根据阿基米德原理，船舶重量与排水量可以相互换算，载重吨等于船舶满载排水量减去空船排水量。

辆和其他货物，所以客船的主尺度（排水量、甲板面积、船体长度、活动处所总面积等）需要通过运载乘客与货物所需的总面积来决定。相比货船注重船舶装载货物的能力，客船更注重船上空间的大小与布置。

以船上装载空间来决定主尺度的船称作布置地位型船舶。客船是典型的布置地位型船舶，设计时既要考虑主船体内的甲板面积，又要考虑上层建筑内的甲板面积。

客船一般用总吨位来衡量船上空间大小，一般船舶总吨位越大，船上总的活动空间也就越大，船也越大。总吨位是客船总体性能的重要衡量指标。此外，也可用载重吨来表示客船的装载货物的能力。

安全为重中之重

与其他类型船舶相比，客船对安全性的要求是最高的。客船的安全性通过良好的船体结构、稳性、抗沉性、消防和救生等设计实现，在总体设计、结构设计与船上各种设备与系统设计时需综合考虑。客船上的动力设备需具备较大的备用功率，以应对突发情况。

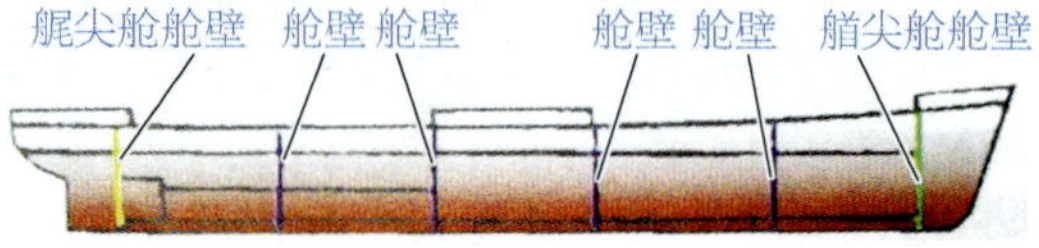

> 图21 船舶水密舱壁示意图

为保障船体强度、提高船舶的抗沉性，船体通常设置若干强固的水密舱壁和内底。船体内部设若干道横舱壁，形成不同用途的舱室。船艏和船艉设有防撞舱壁，分别形成艏尖舱、艉尖舱，以保安全。

客船一般设计为“两舱不沉”或“三舱不沉”，即当船舶受损，有两个或三个相邻水密舱进水，仍能保持足够的浮力性能。

客船主船体及上层建筑需按照防火隔堵标准，分隔为一个个平均长度不超过40米的防火主竖区，防火主竖区中设有通道，便于火灾时撤离。一旦火灾发生时，防火主竖区之间不会发生火势蔓延。乘客和船员活动区域与船上设备区域之间也需设置防火主竖区，确保安全隔离。

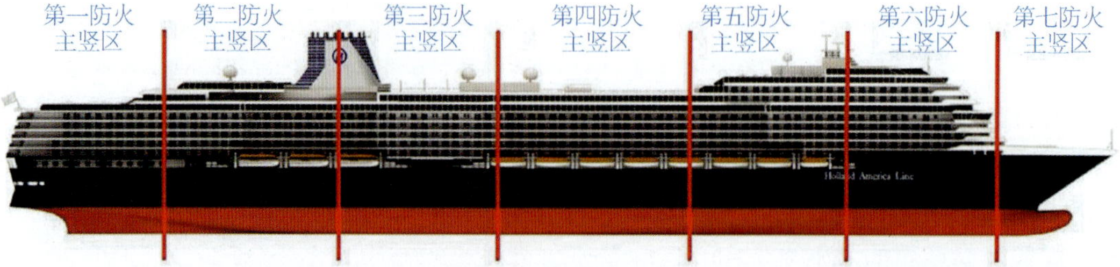

> 图22 防火主竖区示意图

> 图23　安装有多只螺旋桨推进器的客船

动力强劲，航速要求高

为满足航速与船上服务设施需求，客船的动力系统功能强大，并通过设计优秀的线型及采用高效推进器来实现快速性。

舒适性要求高

相对其他类型船舶，客船对舒适性的要求是最高的。这就要求客船具有良好的耐波性，并在减摇、避震、隔音等方面达到较高的标准。

小贴士

稳　性

稳性分为横稳性和纵稳性，通常指横稳性，为船舶受到外力作用产生倾斜，当外力减小或消失时能自行恢复到初始状态的能力。船舶稳性是关系到船舶安全的一项重要性能。在船舶下水、航行、进坞、搁浅、甲板上浪、受风浪袭击、船体上部结冰，以及碰撞损害等情况下需分析船舶稳性。

客船需要设置宽敞的甲板和娱乐、休闲场所。旅客居住舱室需配备良好的采光、照明、空调、卫生等设施设备。

> 图24 舒适的客船客舱

小贴士

耐 波 性

耐波性是指船舶在风浪等外力作用下，产生摇荡运动以及抨击、上浪、失速等现象时仍能保持足够的稳性和船体结构强度，并能保持一定航速安全航行的性能。耐波性好的船舶有利于船上人员的舒适和开展各项活动。耐波性是海洋客船的重要设计评价指标。

第2章
传统客船

在飞机尚未出现的年代，人们需要乘坐邮轮“漂洋过海”。一个多世纪前传奇般的“泰坦尼克”号，是史上最著名的邮轮。它对客船设计、建造等产生的影响直至今天依然存在。

邮轮是传统客船的一种。传统客船以旅客交通运输为主要任务，还包括近海客船和内河客船。它在客船发展中曾经占据十分重要的地位，本章为大家介绍这支传统客船队伍。

> 图25 “泰坦尼克”号邮轮

工业革命的海上留影

远洋客船发展简况

早期的客船最主要的功用就是旅客运输，这些客船按照航行区域，可分为远洋客船、近沿海客船、内河客船等。当时的远洋客船主要用于运送来往于美洲与欧洲间的乘客。

从风帆客船到蒸汽机客船

1620年秋，英国“五月花”号帆船载运100名移民横渡大西洋到达美洲，近代第一次远洋客运出现。1818年，美国黑球轮船公司开辟了纽约到利物浦之间的定期班轮航线。

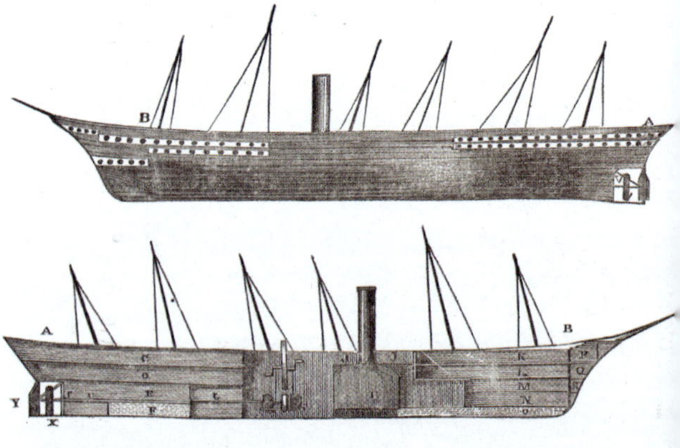

> 图26 “不列颠”号蒸汽机客船左舷与右舷侧视图

> 图27 世界第一艘铁质轮船“大东方”号

1840年，英国丘纳德航运公司建造了一艘名为“不列颠”的蒸汽机客船。该船为1 154总吨位，可载客115人，总长63.1米、宽10.4米，航速8.5节。“不列颠”号具有传统的三桅和风帆，飞剪式船艏，配备了巨大的明轮推进装置和高耸笔直的烟囱，有4层甲板，大部分货舱用来装煤。当时只有身份显赫的人才会购买住舱票，大部分旅客集中在甲板上。

1859年，世界第一艘铁质轮船“大东方”号建成，创下当时最大船舶纪录，载入造船史册。该轮18 915总吨位，长210米、宽25米，可载客596名，散席2 400名。船上配置1对蒸汽机驱动明轮和1只螺旋桨，航速达13.5节。较木质船壳来说，采用铁质船壳使得船舶安全性能大大提高。

1870年，英国丘纳德航运公司和白星航运公司在英国和北美之间开辟客船航线。此后各国相继建造航行于大西洋航线和东方航线上的大型客船。我国于19世纪70年代由招商局开辟前往南洋、日本等地的航线，并于1880年开辟了上海—旧金山

小贴士

航速单位（节）

海图是用海里标注距离的，驾驶人员利用海图标注船只位置、规划航线时，便使用节（海里/小时）为单位。航海时，规定地球子午圈1分弧长为1海里，即1分纬度对应的经线长度（1海里=1.852千米）。对于内河船只，因其地图是以千米标注距离，则采用千米/小时表示航速。

> 图28 招商局远洋客船“伊敦”号

定期航线。

1889年，英国建造了“巴黎”号和“纽约”号2艘姐妹船，改进了推进装置，在船上安装了蒸汽机和2只螺旋桨，完全替代了风帆，航速达到20节。至此，大帆船时代基本结束。风帆的退出，消除了对上层建筑的限制，客船的上层建筑开始扩展。“巴黎”号设有3根烟囱，外观上体现出工业时代船舶的风采。

除了蒸汽机技术，远洋客船在船体材

> 图29 “巴黎”号远洋客船

料、船体水密结构和建造工艺等方面也有突破，航速、载客量与安全性等不断得到提高。由于当时远洋客船的主要服务对象大多是移民，他们只追求低廉的票价，船上是否设有餐厅、公共场所等设施，以及乘船的舒适性，还不是造船的主要考虑因素。

早期远洋客船时代

随着船体材料、船舶动力等关键技术的发展，19世纪末20世纪初成为传统远洋客船发展变化最为迅速的时代。当时一些远洋客船的建造成为一个国家实力的象征，如“玛丽皇后”号、“毛里塔尼亚”号等，都曾是建造国的骄傲。

远洋客船越造越大

面对大西洋海域变幻莫测的航行环境，人们普遍认为船越大则稳性越好，相应的就更安全。20世纪初，远洋客船造得越来越大，先是英国建造出了3万总吨位“卢西塔尼亚”号，1913年德国建成的“帝王”号已达到5万总吨位。

20世纪30年代，大型远洋客船（也称邮轮）的建造达到高潮，除了英国，法国、德国和意大利等国也加入进来。著名的“玛丽皇后”号、“伊丽莎白女王”号、“诺曼底”号和“欧罗巴”号等都是在这个时期建造的。它们都超过8万总吨位，航速超过30节，主机为汽轮机，功率达17 600千瓦。

> 图30　“卢西塔尼亚”号邮轮

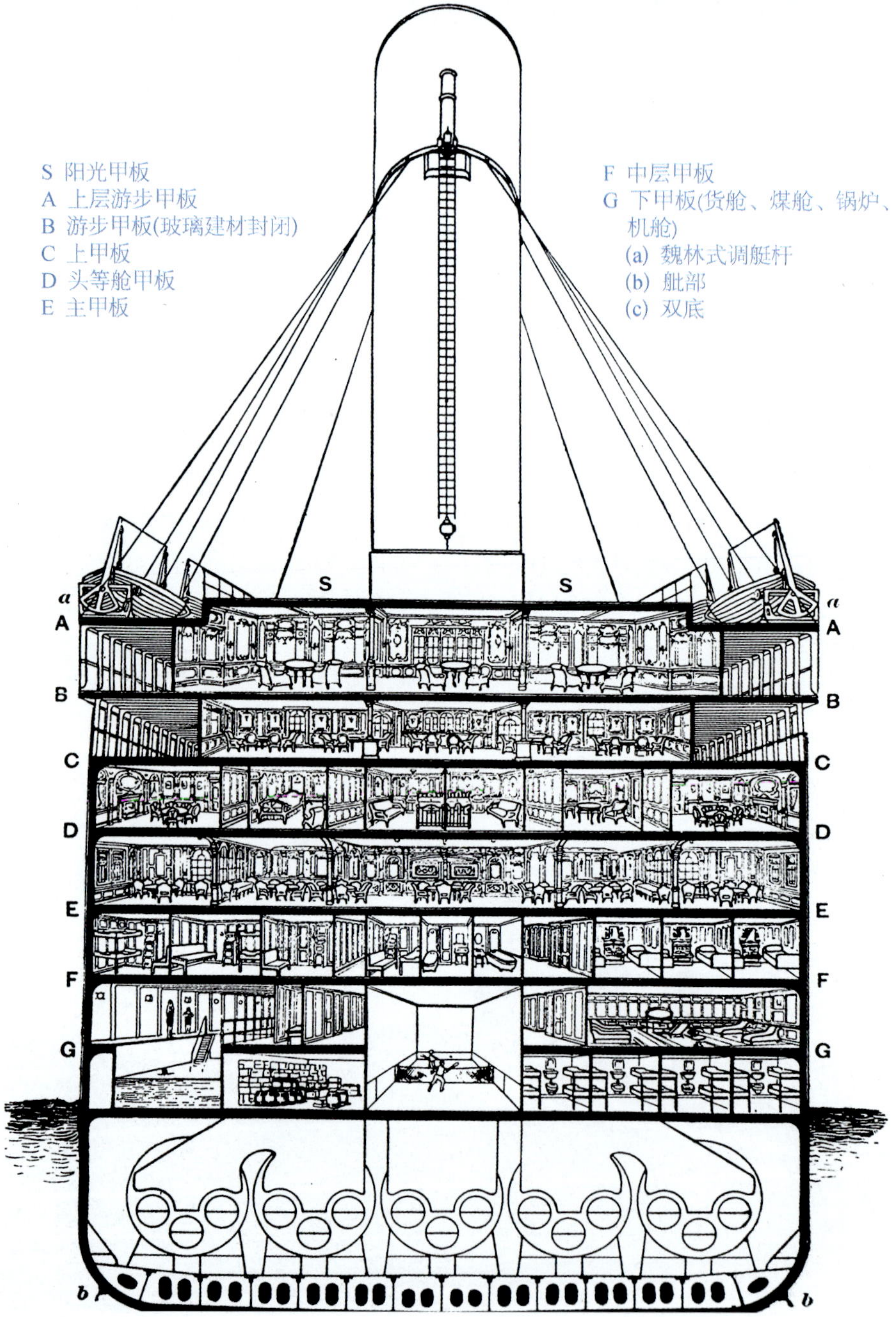
S 阳光甲板
A 上层游步甲板
B 游步甲板(玻璃建材封闭)
C 上甲板
D 头等舱甲板
E 主甲板
F 中层甲板
G 下甲板(货舱、煤舱、锅炉、机舱)
(a) 魏林式调艇杆
(b) 舭部
(c) 双底
S
S
a
a
A
A
B
B
C
C
D
D
E
E
F
F
G
G
b
b

> 图31 邮轮舯部横剖面

大西洋上的远洋客船“竞速赛”

欧洲到美洲航程约3 000海里，人们普遍希望能尽量缩短在海上漂泊的时间；同时邮轮肩负运送邮件的任务，对运输时间有严格规定，所以邮轮公司纷纷建造高航速邮轮，一场大西洋航线的速度较量就此拉开序幕。

> 图32　“玛丽皇后”号邮轮

> 图33　“奥林匹克”号邮轮

“玛丽皇后”号是英国在1936年建成的一艘邮轮，只需4天时间便可跨越大西洋。它总长310.4米、宽36米，80 774总吨位，载客2 139人。它由汽轮机驱动4只螺旋桨推进，客舱分为头等舱、旅行舱和三等舱。虽然“玛丽皇后”号没能在总吨位上超越“诺曼底”号，但航速却创造了当时的最高纪录31.6节，取得了大西洋蓝飘带奖，并将这项纪录一直保持到1952年。

柴油机船时代

20世纪初，航行于大西洋上的大型远

小贴士

蓝飘带奖

这是一个非官方奖项，授予向西穿越大西洋航行并创出最高航速的单体客运班轮，直到1910年之后才被广泛使用。在曾获得蓝飘带奖的远洋客船中，有25艘由英国建造，5艘由德国建造，3艘为美国建造，还有意大利和法国客船各获得过1次这一荣誉。

洋客船，大多以往复式蒸汽机为动力，单机功率达到14 700千瓦。1911年第一艘柴油机海船出现，柴油机同蒸汽机比较，具有热效率高、油耗低、体积小等优点。蒸汽机船在世界商船队中的统治地位，一直保持到第二次世界大战（简称“二战”）结束以前。

二战后，低速大功率柴油机增压技术取得突破，将单机功率提高到最高36 750千瓦，很好地满足了船舶所需的大功率需求。柴油机对燃油的适应性也不断增强，大大提高了在经济上的优势。因此，此后船用发动机绝大多数采用柴油机，这一发展阶段也被称为柴油机船时代。

传统远洋客船时代落幕

二战前，螺旋桨飞机出现，但噪声大，载客量很小，不适宜恶劣天气时飞行，跨洋飞行的机票价格非常昂贵，因此很少有人愿意跨洋飞行。战争加速了大型长距离飞机的开发，20世纪50年代末，远程喷气式客机出现。随着航空技术的发展，航空旅行的速度和成本都优于大型远洋客船，逐渐夺走了客源。到了1960年代初，95%的乘客选择乘坐飞机横跨大西洋。

> 图34 邮轮船票

有一部分乘客仍选择乘船，是希望在行程中更多地享受船上特有的生活方式。然而，老式跨洋邮轮固有的一些特征，阻碍了它转变为逗留海上游玩的新型邮轮。比如为了适应大西洋的恶劣环境，老式邮轮吃水较深，导致船舶进入浅吃水港口较为困难，可停靠的港口数量有限；为了保证长途跨洋航程的快速性而油耗过高，经济性差；为了增加乘客数量而使内舱客房设计压抑，不能满足乘客日益提高的舒适性需求。航运公司不再建造新的大型远洋客船，随着旧有船只服役期满，远洋客运班轮航线于20世纪下半叶渐渐消逝。

战争中的邮轮

邮轮一般运量较大，比较适合从事军事物资运输。在两次世界大战期间，经过改装的邮轮承担了重要的军事运输任务。

第一次世界大战（简称“一战”）是邮轮首次参与大型战争。一些邮轮从事军事运输；有些邮轮被改装为战舰，比如“威廉德格罗斯皇帝”号；还有些邮轮被改造为医院船，比如“毛里塔尼亚”号、“阿基塔尼亚”号、“不列颠”号等。

1919年凡尔赛条约将许多德国邮轮作为给同盟国胜利的奖励。德国的3艘巨轮

> 图35 改装为医院船的“不列颠”号

“皇帝”号、“沃特兰特”号和“俾斯麦”号分别转给冠达、白星和美国邮轮公司。这3艘恺撒级邮轮后被美国海军征用为运兵船。

二战中，邮轮又被频繁卷入冲突。在这场战争中，“伊丽莎白女王”号和“玛丽皇后”号均被美国政府改装用作运兵船，改装后的“玛丽皇后”号一次可运兵15 000名，1947年甚至创下16 000人的单船运输最高纪录。到二战结束时，这两艘邮轮共运送盟军官兵150万人次，可以说为二战胜利立下不朽功勋。

> 图36 “玛丽皇后”号邮轮

战争大大刺激了美国的造船业，为夺得英国人手中的蓝飘带奖，美国在1952年建成“美国”号邮轮，在处女航中创下35节的纪录，赢得了蓝飘带奖，并一直保持到1986年，才让给维珍“大西洋挑战者Ⅱ”号。

1982年的马尔维纳斯群岛战争（简称马岛战争）期间，许多邮轮被英国政府征用为战争服务。比如“伊丽莎白女王2”号、“堪培拉”号被征用作为运兵船，执行将英国军队士兵从阿森松群岛运送到马尔维纳斯群岛（英国称“福克兰群岛”）的任务。当时，接到军事任务的“堪培拉”号仅用几天就改装完毕，在船顶焊装3处直升机起降甲板，作为运送英国皇家海军陆战队的运兵船。为避免以女王王号命名的“伊丽莎白女王2”号被击沉，它在离战场较远的南乔治亚群岛卸下军队，并由“堪培拉”号接力运输，最终顺利完成任务。

在马岛战争中，半岛和东方邮轮的船队与之前英属印度蒸汽轮船公司的邮轮“乌干达”号被征做医院船使用，之后又作为运兵船在战后服役。

> 图37 战争中作为运兵船的邮轮

> 图38 “美国”号邮轮

“泰坦尼克”号与《海上人命安全公约》

“泰坦尼克”号可以说是史上最著名的邮轮，以当时最高端的技术建造，却在首航时就以悲剧终结，带给人们的不仅是对1 500多条生命消逝的惋惜，更是对客船安全问题痛定思痛。“泰坦尼克”号事件以后，主要造船国家共同编制了沿用至今的《海上人命安全公约》，并不断修订完善，让后来的客船从设计建造之初就以乘客生命安全为第一要义。

“永不沉没”的辉煌之船

1912年，“泰坦尼克”号由英国哈兰德与沃尔夫船厂历经3年多时间设计建造完成，成为继埃菲尔铁塔之后最大的人工钢铁构造物，并被称为“永不沉没”之船。用《造船家》杂志的话说，“泰坦尼

> 图39　“泰坦尼克”号效果图

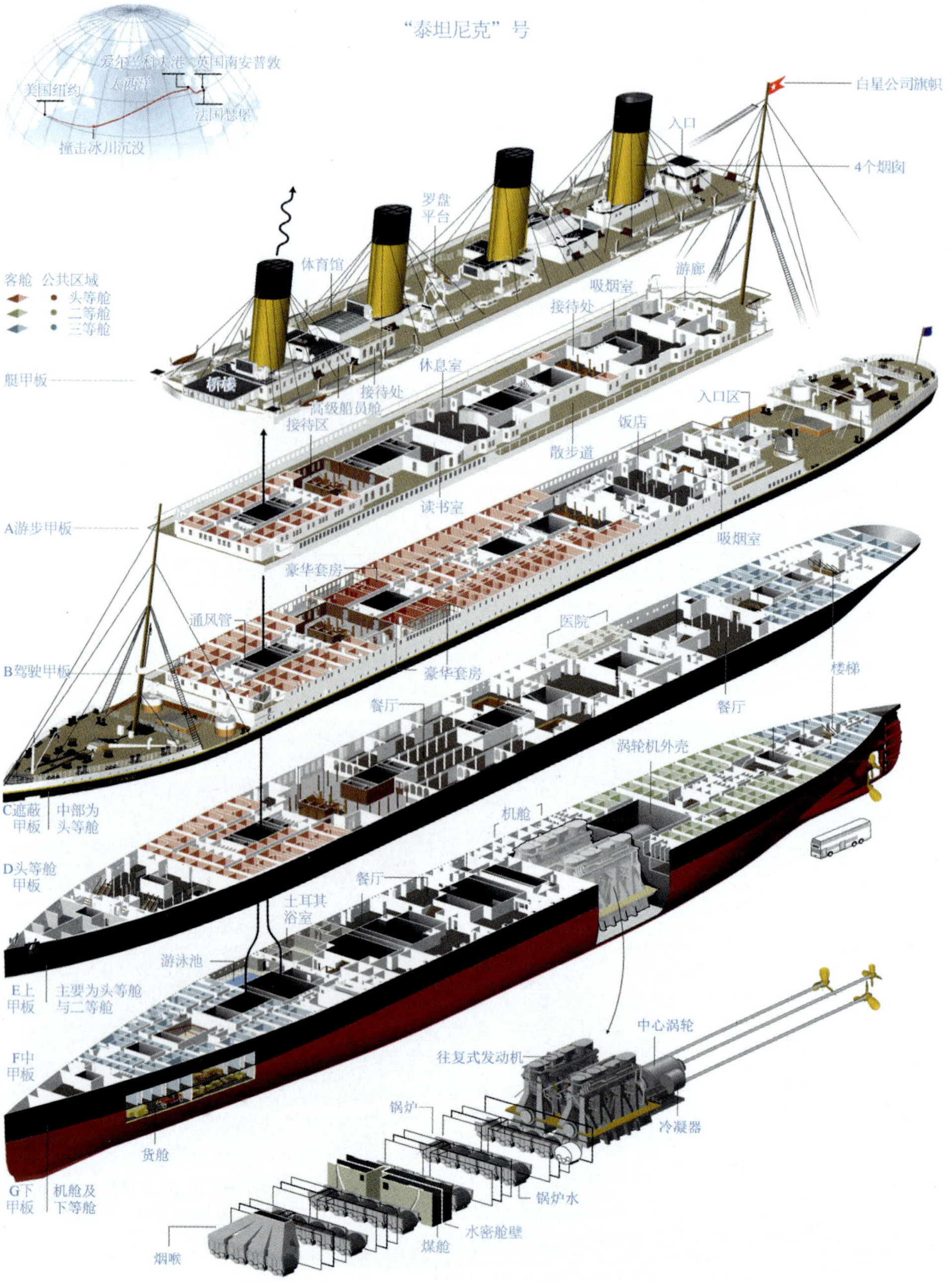

> 图40 "泰坦尼克"号解剖图

克”号“在许多细节方面模仿了凡尔赛宫……摆满路易十五风格家具的休息室，风格类似法国的小特里亚农宫沙龙，壁炉上的雕刻作品是《凡尔赛宫的狩猎女神》。还有其他精美的浮雕和艺术作品。”

1912年4月，“泰坦尼克”号首航从英国南安普敦出发，驶向美国纽约，航程中撞击冰山而沉没，船上2 224名船员及乘客中逾1 500人丧生。“泰坦尼克”号沉没事故死伤人数之多，让它成为和平时期最惨重的海难之一。

“泰坦尼克”号沉没之谜

水密舱壁的致命隐患

“泰坦尼克”号有2层船底，15道水密舱壁将全船分隔为16个水密隔舱，并且水密舱壁设计为自动水密门。它的设计标准是：其中任意2个相邻水密舱灌满水，船仍然能行驶；在4个相邻隔舱灌满水的极限情况中，船体也可以保持漂浮状态。

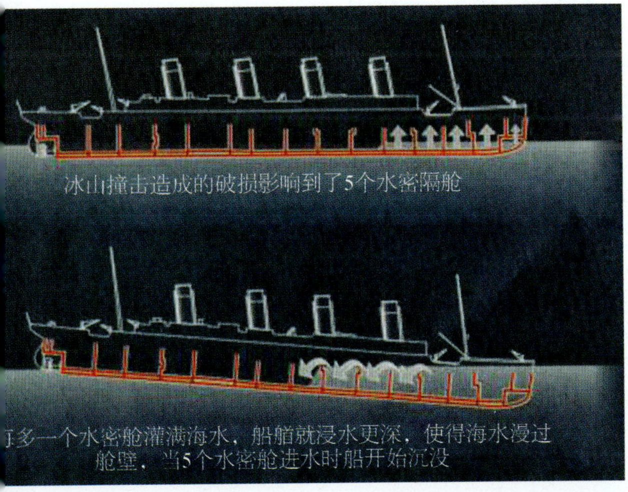

> 图41　水密隔舱进水示意图

“四舱进水不沉”的标准，在今天来看仍然高于客船设计要求的任意相邻两主舱或三主舱进水不沉。这是因为船舶设计除了安全性的考量，还必须考虑经济性，为了安全一味提高建造标准，建造成本过高的产品也不适合市场需求。

然而，“泰坦尼克”号的水密隔舱设置中存在一个严重缺陷——水密舱舱壁延伸高度不够。艏部的2道水密舱壁与艉部

小贴士

水密隔舱

它是船上由水密舱壁分隔出的在规定压力下能保持不透水的舱，一般沿船长方向分隔。根据设计标准，有一舱或两舱等破损不沉的规定，即水密隔舱中即使有1或2个舱破损进水，水也不会流到其他舱，整艘船仍然保持有足够的浮力，不致沉没。因此，水密舱壁提高了船舶的抗沉性能，保证了船舶航行的安全。

横舱壁

它是沿船长方向分布的分隔船舶舱室的舱壁，主要对船的结构起到加强作用，同时也可起到水密舱壁的作用，有助于船舶个别部位破损时，海水进不到其他水密舱中，从整体上保持足够的浮力。

> 图42 “泰坦尼克”号下沉断裂

的5道舱壁只建造到D甲板，中间8道只达到E甲板。再往上的甲板没有设置水密墙，无法阻挡海水的涌入。“泰坦尼克”号与冰山发生“死亡之吻”，划开的裂口长93米，恰恰跨越了4个隔舱而到达了第5个舱，进水最终导致船舶下沉。

吸取这一教训，后来的客船安全规则中要求客船可浸水部分的主分舱舱壁应延伸到最高一层水密舱壁连续甲板。

造船材料缺陷

“泰坦尼克”号的钢板、铆钉与今天规定的造船材料有很大差距。当时没有焊接工艺，钢板之间需要依靠铆钉连接。工程师只考虑到增加钢板的强度，而没有考虑到韧性的问题，因此在发生撞击时船壳容易发生断裂。

救生艇数量不足

根据当时的英国法律规定，船上须配有总人数1/3的救生艇，“泰坦尼克”号将这一标准提高到全船一半的乘客。但在灾难来临之际，却因现场混乱、救生时间有限等原因，很多救生艇没有坐满就匆匆放

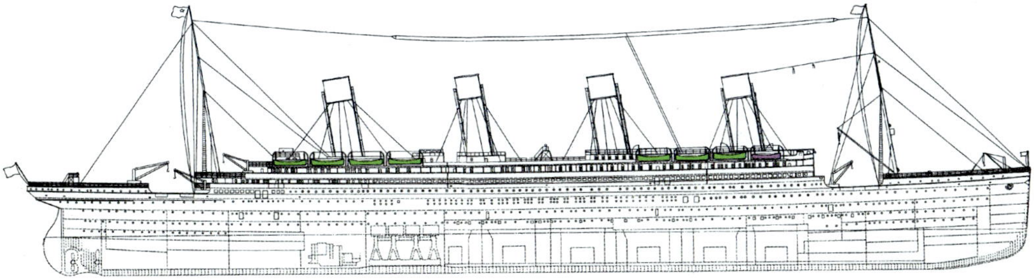

> 图43 “泰坦尼克”号上的救生艇（彩色部分）

下。后来的客船安全规则充分考虑这些因素，将救生艇容纳乘客数量规定为超出全船总人数的25%。

“泰坦尼克”号的时代，工业化进程突飞猛进，对自然的威力有些掉以轻心，对航行中的极限情况考虑不够；加上当时因为航海业的极度繁荣，航运公司之间展开航行速度竞争，为了在首航中创造新纪录，船长选择了距离更短而水温更低的航线，增加了碰到冰山的概率。

> 图44 国际海事组织徽标

《海上人命安全公约》诞生

“泰坦尼克”号的海难，促成1913年第一届国际海上生命安全会议在伦敦举行。以英国为首的13个国家代表缔结了第一版《1914年海上人命安全公约》（SOLAS）。当时组织会议的机构就是国际海事组织（IMO）前身。公约要求加强客船的安全及救护措施，客船舱壁应水密并耐火，客船应配备足够的救生和消防设备，载客50名以上的客船必须配备无线电

小贴士

国际海事组织

国际海事组织（International Maritime Organization，IMO）是联合国负责海上航行安全和防止船舶造成海洋污染的一个专门机构，总部设在英国伦敦，目前已有174个正式成员国。国际海事组织致力于创建一个有利于成员国普遍采用实施的监管公平和有效的航运业框架，内容涵盖船舶设计、施工、设备、人员配备、操作和处理等方面，确保这些方面安全、环保、节能。

报装置，24小时有报务员值守。

《海上人命安全公约》颁布后不断修订，最新的为1974年版及其所有修正案和其他改进。目前，包括我国在内的缔约国承诺旗下船只遵守《海上人命安全公约》要求。

新中国撤侨第一船

“光华”号

轮船是“流动的国土”，轮船能够开到的地方，就是祖国的实力和关怀能够到达的地方。

新中国建立之初，我国开始与很多国家建立外交关系，国家间人员交往日益频繁，需要更多的远洋客船承担人员运输任

> 图45 “光华”号远洋客船

> 图46 “光华”号接侨

务。20世纪50年代末至60年代初，根据需要派船接侨。当时我国远洋船队还未建成，情急之下从希腊轮船公司购买了一艘二手船，即后来的“光华”号。

这艘船是1930年由英国船厂建造，船上设有将近700个客位，1.41万总吨位。上层建筑分前、后两个部分，驾驶台在前部，后部为客舱。船的前、中、后部均设有货舱，总载货量为5 000吨。该船还是最早装备冷库的船只之一。经过几个月的维修、备航工作，1961年4月底，改造一新的“光华”号出发了。经过5天航行，“光华”号于5月3日抵达印尼雅加达港，并载着500多名侨胞安全返抵黄埔港。

在首航当年，接回华侨共计2 649人。随后，“光华”号开始以不定期客货班轮方式经营远洋客货运输业务，开创新中国自营客货班轮业务的先河。之后“光华”号又多次参与远洋交通和撤侨任务，将中国援外人员和物资运往北也门，将中国修建坦赞铁路的工程人员运送到坦桑尼亚，为新中国远洋客运事业翻开新的篇章。

我国的沿海客船

我国沿海客运航区主要有渤海湾地区、华东沿海地区、华南沿海地区以及这三个地区间的长距离航线，辅以一些短程陆岛和岛屿间航线。

新中国造船奠基作——沿海客货船“民主十号”

1953年，交通部决定投资建造我国自己的沿海客货船，以补充新的水上运输力量。1955年，“民主十号”下水，改写了我国没有自行设计客货船的历史。

20世纪50年代，我国造船工业基础薄弱，从技术到管理都缺乏经验。设计建造“民主十号”的任务落到了辛一心先生肩头。辛先生是我国船舶设计的主要开拓人和奠基人，著名的造船科学家与教育家。他曾在国外造船专业深造，拥有深厚的船舶设计建造专业知识和丰富的造船管理经验。在“民主十号”等船舶的设计过

> 图47 “民主十号”客货船

> 图48　辛一心先生

程中，辛一心先生摸索并建立起一整套行之有效的工作制度，对我国的船舶设计组织管理和船舶设计建造发展起到重要指导和推动作用。

船舶设计有许多阶段、步骤，并涉及多个细分专业。辛先生以船舶设计建造的实际项目为依托，建立起了设计责任制，明确了每个设计环节的任务要求。为保证设计质量所需进行校对、审核、审定等工作，形成一整套设计责任规章制度。

因为对船上部件、设备的重量，以及船的重心估算缺乏把握，担心对设计结果造成误差，辛一心设立了重量组，派10多名工作人员长期驻厂，把每一件装上船的机器设备和零部件都进行称重，登记成册。这些实际测量的数据与设计图纸一一比对，发现误差的及时更改图纸。这份第一手重量资料以及这套认真细致解决问题的工作方法，一直沿用多年，为保证船舶设计质量发挥了极其重要的作用。

“民主十号”施工过程中图纸修改次数很多，1956年初辛一心筹划成立技术检查科来加强技术检查，分专业检查图纸。

> 图49　印有“民主十号”的粮票

> 图50　大连—烟台航线客货船“民主二号”

值得一提的是，上海船舶检验部门对船舶设计图纸的正规审批工作，也是从“民主十号”开始。

“民主十号”是一艘沿海客货船，在大连至天津航线运营。船长80米，吃水4.27米，排水量2 600吨，载客量500客位，载货量700吨。

“民主十号”是我国第一代沿海乙型客货船，荣获一机部产品设计一等奖。这一型船共建造了6艘，中国从此走上了自行设计建造海洋运输船舶的道路，这型船的建成也锻炼了一大批船舶设计建造人员，为新中国的船舶事业培养出了急需的人才队伍。

此后，我国还建造了主要运营大连—烟台、大连—青岛航线的天字型客货船。

东部地区沿海客船

20世纪60年代中期，我国东部、东南部沿海客运量逐年增长，而客船载客量之和不足万人，运力严重不足。为解决这一燃眉之急，我国开始自行设计建造沿海甲型客货船系列，1971年该系列的第一艘“长征”号投入使用。

“长征”号客货船船长138米，型宽

> 图51　长征型客货船“万年红”号

> 图52 “东方女王”号游船

17.6米，吃水6米，5 926总吨位；载客量856人，载货量2 000吨；航速17节，续航力3 500海里。该系列沿海客货船先后建成14艘，前12艘船名均以“长”字为首，称为长征型（长字型）客船。

以当时条件来看，长征型客船具有航速快、稳性好、抗风力强和载客量大等优点。这型客船适用于沿海长途客运，主要航行上海至大连、青岛、厦门、广州航线，其中最长的一条航线为广州—青岛—大连航线。

本船型最后一艘“长柳”号先后改名为“旅行家”和“东方女王”号，船型从客货船改为豪华游船。目前“东方女王”号仍在广西北海到越南下龙湾的旅游航线上服务。

东南部沿海航线主要采用新字型客货船，如上海至浙江、福建沿海。这些航线航程较短、旅客较多，而宁波、温州等港口航道狭窄、水深较浅，针对这些因

小贴士

续 航 力

续航力指船舶在一次装足燃料、不再补充的条件下，民用船舶按照服务速度能够持续航行的最大里程。

> 图53 新字型客货船

素，新字型客货船在原沿海乙型客货轮基础上，改进成为3 000吨级、915客位的船型。

华南地区沿海客船

在华南地区广州至海南岛的广海线上，发展出了华南线客货船。1966年底，广州造船厂建造出客货船“红卫七”号，之后红卫系列（210型）接连建造并投入使用。到20世纪70年代，以210型客货船为基础的客货船将航线拓展到广州至厦门、汕头、三亚及基隆等地。

1981年“马兰”号和“山茶”号建成，船上设有大型休息厅、大型餐厅、茶座等休闲设施，并设有观景平台。这两艘船是国内客船上首次采用无支柱的大厅结构设计，并首次采用全船空调的客船，在炎热的华南线上给旅客带来更为舒适的乘船体验。

通过民主系列乙型客货船、长字号甲型客货船、天字号客货船及新字号客货船等，我国打通了南北向和东西向沿海与重要内河的水上交通要道，为我国相当长时期的客运做出重大贡献。

> 图54 “珞珈山”号沿海客货船

长江客船

长江水系是我国最大的内河水系，流域面积人口占全国总人口1/3，长江下游与长江三角洲地区是我国经济最发达的地区。长江客船是在长江中航行的内河客船，主要用来运送旅客，也装运少量货物。

长江客运百年

长江客船的历史可追溯到1890年《北京条约》重庆开埠，英国商人建造的第一艘长江三峡客货船于1898年从上海抵重

图55 长江风光

> 图56 长江客船

庆。20世纪二三十年代，长江客船采用的是蒸汽机船。

新中国成立后，长江航道得到了根本整治。20世纪中叶，上海、武汉、重庆已有定期班船，这些航线上所有的客船都由我国自己设计建造。当时我国中部东西方向的交通运输主要依赖长江，长江运输市场繁荣。

改革开放以后，葛洲坝建成，使长江航运条件得到了进一步改善。随着经济迅速发展，交通基础建设逐渐完善，公路、铁路运输日趋发达，长江客运逐渐减少。

如今，长江中的许多客船不再是以交通为目的的传统客船，而是观光旅游船。想要游览长江与两岸景点，尤其是著名的长江三峡景区，最理想的载体就是长江客轮中的新秀——长江游船。

120年长江航运，以母亲河的视角见证了一个东方大国从衰败中重整旗鼓、自力更生，并以开放的胸怀迎接四方宾客，展现了美丽中国繁荣发展的全新面貌。

第一代长江客船

新中国成立之初，长江干流恢复航运，我国第一代长江客货运输船设计建造完成。其中，1954年建成的“民众”号申渝线大型客货船是新中国成立后自行设计建造的第一艘大型长江客货船。该船载客936名，载货500吨，创下当时川江客货船尺度、载客数和速度之最，也是川江客货船首次采用舷伸甲板的船型。船上电动液

> 图57 东方红11型客货船（“东方红12”号）

压舵机首次实现了国产化设计建造。

20世纪50年代中后期，申渝线客船“江蓉”号建造完成，首次采用U型艏线型，随后又建造了4艘同型船。

20世纪60年代起，长江客货船普遍采用柴油机为动力，广泛应用国产船用配套设备，并在总体布置和造型上有所改善，航行性能有一定提高。这一时期建造出了东方红11型、东方红40型、东方红117型和东方红259型等客船。以东方红11型为例，船长113米，5 050总吨位，可载客1 250人，平均航速约25千米/小时。

第二代长江客船

从20世纪70年代末期到80年代，长江干流船舶的动力装置和机舱逐步自动化，客船内装饰也逐步趋向华丽。这一时期设计了“江汉57”号客船，与原型船“东方红46”号相比，节省功率达25%以上。

> 图58 “江汉57”号客船

这一时期还建造了航行于长江中游的江汉134型700客位双尾型客船，与原型船相比主机功率节省了30%，载客量从500人增至700人。长江下游江申115型1 600客位双尾型客船与原型船相比，排水量增加1/3、载客数增加1/3，经济效益大大提高。这三种客船船型的主要航区分属长江上、中、下游，是当时具有代表性的长江客轮。自此，长江进入双尾船型时代。

新一代长江客船

1992年，三峡工程建设项目批准兴建，国内外游客纷纷到长江三峡这一著名旅游热线来旅游。三峡旅游业升温带动豪华游船大量建造，一批既能达到国外客船舒适性标准，又能在川江上安全航行的豪华游船先后被设计建造出来，如“神女”号、“峨眉”号、“昭君”号、“扬子江”号等。这批游船设有舒适的客房和较齐全的娱乐设施，包括餐厅、酒吧、观景台、美容室、健身房、游泳池、商店等，使游客在饱览长江三峡壮丽风光的同时，能够享受到美妙的船上休闲生活。

2013年4月，新一代长江客船“总统七”号长江游轮完成由重庆丰都至湖北宜

> 图59 新一代长江客船的华丽大堂

> 图60 新一代长江游轮“总统八”号

昌的首航。它最大载客量580人，船身长146.8米，宽20.2米，排水量为1.7万吨，船身尺寸为三峡航道许可极限，也成为当时世界最大的内河豪华游船。

“总统七”号采用海洋游船的双壳双底结构；船舶体量大，安全性、舒适性强，单位油耗也有所下降。由于采用了国际先进技术，船舶航行十分平稳，游客几乎感觉不到船体晃动。船上生活服务设施完备，堪称“内河上的星级酒店”。

以长江游船为代表的内河游船与海洋邮轮一样，随着人们生活方式和出行习惯的转变，经历了从交通型向观光休闲型的功能转变。具备旅游、观光、娱乐等功能的豪华游船渐渐成为客船市场新的热点。

CARNIVAL

第3章 华丽转身的豪华邮轮

如今的豪华邮轮，拥有旅客生活所需的一切设施，更像是一座集休闲、购物、娱乐、居住于一体的大型酒店综合体，所以又有着“移动的海上城市”“拥有海景的浮动公寓”等美称。一个航班结束后，豪华邮轮往往又会回到出发的母港，邮轮不再作为去往目的地的交通工具，而本身就成为旅行的目的地。本章我们就对这种现代邮轮一探究竟。

> 图61 海洋绿洲级豪华邮轮

现代豪华邮轮登场

随着大型喷气式客运飞机技术成熟，航空运输的快速便捷使跨洋旅客越来越多地选择乘坐飞机出行，于是传统以运输为主的跨洋邮轮逐渐消失。为应对市场变化，远洋邮轮公司开始将服务目标从乘客旅行转变为提供在船上的娱乐游玩服务。

邮轮开始招揽那些并非急于到达目的地，而是喜欢经历若干天海上旅游的邮轮乘客，在船上提供歌舞表演等娱乐项目，将跨洋行程变为乘客假期的一部分。这一转变重振了邮轮市场，豪华邮轮华丽转身，在大西洋两岸、地中海、加勒比海等区域流行起来。

当代豪华邮轮登场始于1988年，皇家加勒比邮轮公司的君主级邮轮成为第一艘专为新型邮轮市场建造的“大型邮轮”，主尺度也打破了“挪威”号保持了十年之久的纪录。

> 图62 邮轮发展史

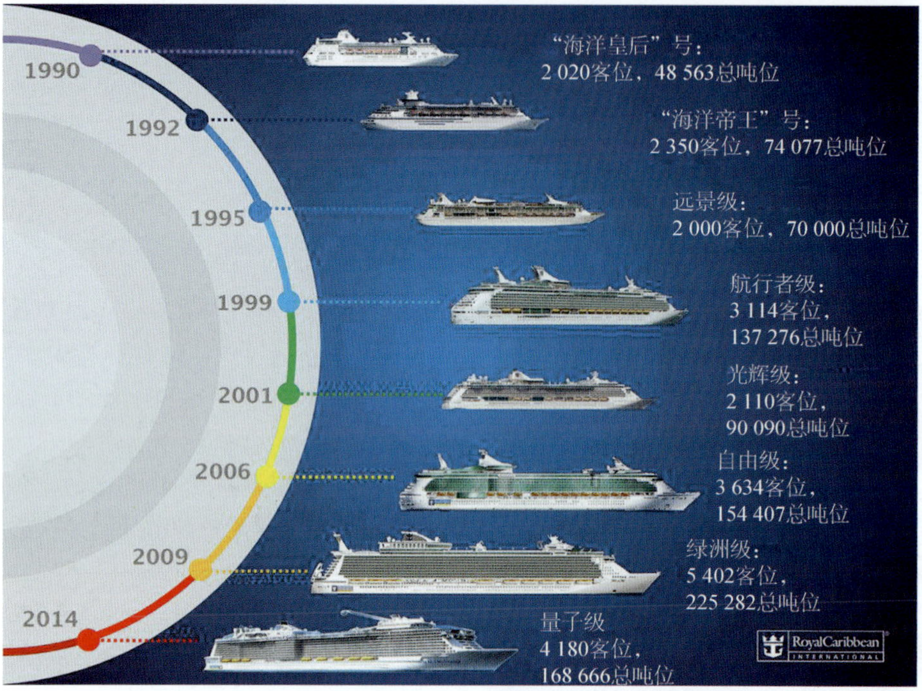

> 图63　以皇家加勒比邮轮公司邮轮为代表的邮轮发展历程

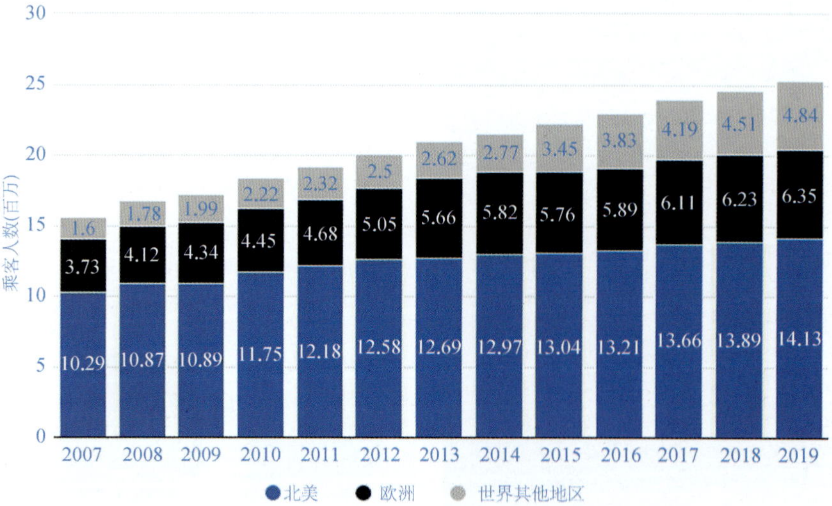

> 图64　2007—2019年的邮轮乘客统计

从21世纪初以来，全球每年新增十几艘左右的新邮轮，其中大多超过10万总吨位。2009年投入使用的绿洲级（Oasis-class）邮轮，创下新的最大邮轮纪录。

2006年，皇家加勒比邮轮公司在中国开通了第一艘以上海为母港的邮轮航线，经过十多年的飞速发展，中国已一跃成为世界第二大邮轮旅游市场。

美丽的海上欢乐城

豪华邮轮的风采

豪华邮轮能迅速俘获你的心，无论是它庞大的体型、精美的造型，抑或优雅的内饰、各种娱乐设施酷炫多彩，都会让你应接不暇、目眩神迷。

邮轮之“大”

当代邮轮，除去一些特殊定位的中小型豪华邮轮，皇家加勒比邮轮公司、嘉年华邮轮集团等面向大众的大型邮轮公司邮轮一直朝着大型化的方向发展。

20世纪80年代末皇家加勒比邮轮公司的君主级邮轮，以73 000总吨位，成为第一代为新型邮轮市场建造的巨型邮轮。而20世纪初辉煌的“泰坦尼克”号，仅有46 000总吨位。不同于之前的以跨大西洋邮轮为代表的远洋邮轮，君主级邮轮拥有跨多层的中庭和玻璃电梯，还拥有一层全部带有私人阳台的房间。

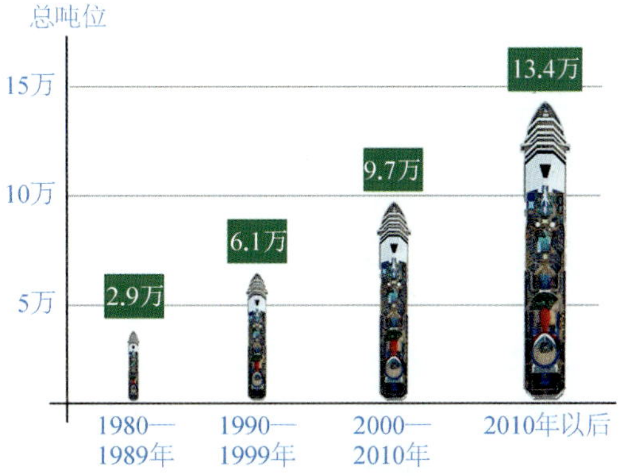

> 图65 邮轮平均总吨位发展

随后，10万总吨位以上的邮轮陆续推出：远景级（Vista-class）约13万总吨位，自由级（Freedom-class）约15.8万总吨位，量子级16.8万总吨位，以及最大约22.5万总吨位的绿洲级。以君主级为起点至今的30多年中，邮轮单船从7.3万总吨位发展到超过22万总吨位；截至2017年，世界规模排名前50的船舶单船总吨位已经突破11万总吨位。

表1 邮轮按照吨位分类

<table>
<tr><th>邮轮类型</th><th>总吨位（GRT）</th><th>载客数</th></tr>
<tr><td>超大型邮轮</td><td>70 000以上</td><td>2 000人以上</td></tr>
<tr><td>大型邮轮</td><td>50 000 ～ 70 000</td><td>1 000 ～ 2 000人</td></tr>
<tr><td>中型邮轮</td><td>20 000 ～ 50 000</td><td rowspan="3">1 000人以下</td></tr>
<tr><td>小型邮轮</td><td>10 000 ～ 20 000</td></tr>
<tr><td>微型邮轮</td><td>10 000以下</td></tr>
</table>

目前单艘邮轮的最大乘客数已达6 500名，平均乘客数已达3 000名。最大的邮轮船长达362米，船宽达66米。现代大型邮轮通常有53 ～ 64米高，相当于20多层楼。大型邮轮的航速通常为23 ～ 40节。邮轮航行所需的平均功率为36 750千瓦，可以驱动40辆巨轮卡车。

邮轮之“豪华”

豪华邮轮以乘客为中心，注重航行体验，因此对于“豪华”的评价也有专门指标。目前国际通行的评价指标有：客容比、乘服比，以及海景房和阳台房占比。

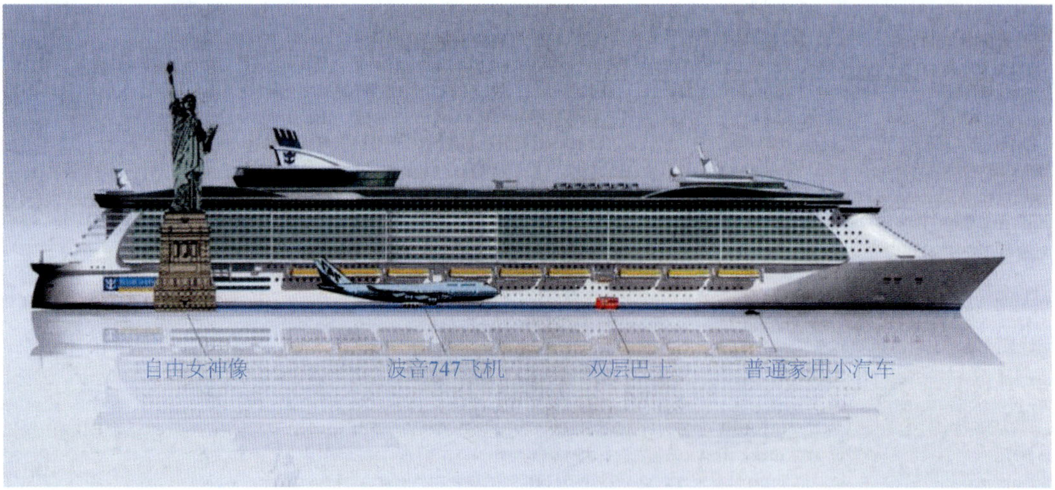

> 图66 绿洲级邮轮和其他运输工具及建筑物对比

> 图67 邮轮上的家庭内舱

小贴士

客容比

指总吨位和船上乘客的下铺位数的比例，反映了乘客人均所占船上空间的大小，也就是旅客日常活动范围的面积。越是豪华的船舶，客容比就越大。因有的邮轮床位有上下铺位之分，很多上铺位是靠在墙壁的可倒式床，下铺位数更能反映一个房间的居住标准。

一般客容比在30或30以下者为经济型邮轮，30～50为时尚型邮轮，65或以上为奢侈型邮轮。

所以，并不是船型越大，客容比就越大，有时恰恰相反，比如德国赫伯罗特邮轮公司的“欧罗巴2”号，其客容比达到了83，被国际权威邮轮杂志评为全球最豪华的邮轮。

海景房、阳台房与乘客的感受直接相关，没有窗户的内舱房让人感受较差。阳台房的比例越高，则船舶越豪华。阳台房与海景房会影响邮轮主尺度，颠覆船型整体设计。“皇家公主”号邮轮成为首艘

小贴士

乘服比

乘服比是指乘客数和服务员数之间的比例，表示单个服务员所服务乘客的数量。越是高档的船，单个服务员所服务的乘客数量越少，因此乘服比越小，也越显豪华。

> 图68 豪华邮轮上庞大的服务人员团队

全部客舱都为有窗房的皇家级邮轮，其中80%为阳台房。为了避免内舱房的压抑，现在也有邮轮引入了虚拟窗户的技术，巨大的落地屏幕为乘客呈现丰富的景象。

目前，豪华邮轮的设计适应这两种不同的趋势：一种是面向大众的超大型豪华邮轮，其规模也在不断刷新；而另外一种是面向小众的精品邮轮，此类船舶规模不大，客容比大，乘服比小，最豪华的邮轮上船员和工作人员甚至比乘客还多。

邮轮之美

邮轮，从诞生之日起就伴随着艺术、美与和谐，给人带来美好的享受。将设计的美感建造为实物的过程，也让邮轮成为凝结着各国工业设计与建造尖端技术的精品。可以说，豪华邮轮不仅是一艘船，更承载着东西方古往今来各种文化的深厚积淀。邮轮之美既在整体的一目了然，也在细节的一丝不苟。

邮轮外观美

现代豪华邮轮需具有高速灵动、高贵绚丽的外形，基本格调可分为封闭式与开放式。

封闭式外观以“海洋自由”号为典型代表，艏艉几乎封闭，顶板前端设计为坡状迎风，充分表现动感。顶甲板为开放的露天活动区域，整体为半开放半封闭式。

开放式邮轮外观强调阳光与趣味。这种设计取消顶部迎风棚，并将所有岛状建筑顶部都设计为露天获得区域。为了让中

> 图69 “海洋自由”号邮轮为封闭式外观

> 图70 绿洲级邮轮采用开放式外观

央公园与购物大道能够被阳光笼罩，顶甲板船中纵向设计为开敞式甲板。船艉设计为开放区域，设置露天歌舞台等场所，造型上也极富美感，堪称经典。舞台入口与中部步行街直接连通，整艘邮轮不再有“内、外”之分。这种外形的邮轮开放区域扩大，增加了船上的游乐空间，却减少了封闭式带来的动感，是一种创新的外形风格。

邮轮“内在”美

文化味十足是邮轮的一大特点。以著名的“玛丽皇后Ⅱ”号为例，船上人员所到之处，浮雕、壁画、雕塑、油画水彩……各式艺术作品比比皆是，仿佛踏入一座海上艺术殿堂。其中有300多件艺术品是当代著名艺术家专门为该轮创作的。在第三层甲板通往中央大厅的宽敞走廊两旁，挂着反映春、夏、秋、冬四季景色的四幅大型金属浮雕壁画，风格简洁生动，充分反映自然神韵。许多公共活动场所装饰有充满文化内涵和历史背景的大型壁画。船上还安排有优雅的钢琴与小提琴演奏、爵士乐演奏和流行音乐演奏，充满艺术氛围。

> 图71 夜间灯光璀璨的邮轮

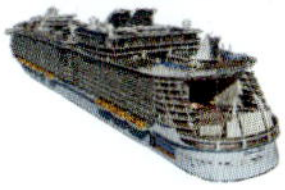

邮轮之“趣”

相比传统及小众精英型的豪华邮轮，巨型豪华邮轮由于体量巨大，能够容纳更多的娱乐设施，更像是一个海上嘉年华，并不断加入各种新兴的科技元素，给乘客带来新奇的游乐体验。

多样化的娱乐区域

当代豪华邮轮与常规船舶一样，主甲板以下为船舶常规的动力推进区域、船员舱室。上层建筑部分设置的大型酒店、购物和娱乐场所，是豪华邮轮有别于其他船舶的独一无二的特点。现在，许多现代邮轮都包含以下设施：赌场（只有当船在公海上才开放，为避免与当地法律冲突），商店（只有当船在公海上才开放，为了避免销售许可和地方税），剧院，电影院，自助餐厅，健身中心，有流动水循环的室内和室外游泳池，热水浴缸，水疗中心，俱乐部，休息室，图书馆，篮球场，网球场，台球桌，医院等。

邮轮空间被划分为不同的主题区域，以满足不同类型游客的度假需求。以“海洋魅力”号邮轮为例，船上空间被划分成了7个主题区域，分别是：中央公园与海上绿色公园；游泳池和青少年活动区，设置有2个冲浪模拟器；海上健身中心和水疗馆；皇家大道区域，有全球独一无二的海上旋转木马，尺寸与陆上游乐园里完全相同；皇家长廊区域，遍布各色餐馆和商店；娱乐广场，歌剧院、赌场、夜总会应有尽有；豪华露天剧院，可上演类似百老汇音乐剧等各种舞台表演。

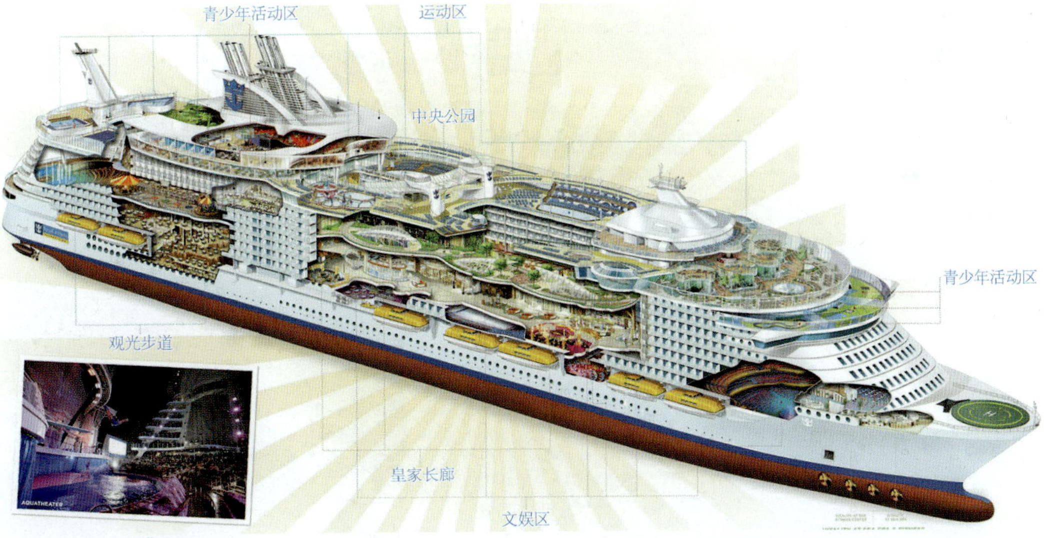

> 图72 “海洋魅力”号功能区域划分

新技术与娱乐创意层出不穷

为了让船上乘客体验最新奇有趣的娱乐效果，现代邮轮利用新技术尝试各种新鲜创意设计，如真冰溜冰场、攀岩墙、跳伞模拟器、迷你高尔夫球场、游戏厅、蹦极、冲浪模拟器等，有些项目甚至在陆地上都闻所未闻。

在“海洋量子”号邮轮上，北极星观光平台的宝石形玻璃舱可将游客送往邮轮两侧离海面90多米高空，并可享受到360° 的全景视野。船上首次设置了海上跳伞体验项目，在安全、可控的模拟环境中，享受垂直降落的刺激与快感。

在“海洋光谱”号邮轮上，乘客还能够体验穿越地心的南极之旅。船艉左舷有一个直径11米的中空橙色球体，球内的4个蹦极床与球外的悬空玻璃步道，结合虚拟现实技术，模仿自由落体从北极出发，穿越地心抵达南极的过程中，在地球引力作用下发生的加速与减速的

> 图73 邮轮上的餐厅

> 图74 北极星观光平台

> 图75　地心之旅

> 图76　“诺唯真喜悦”号上的卡丁车游乐区

情形。

“诺唯真喜悦”号邮轮上建起了海上最大的双层卡丁车赛道。游客从这条蜿蜒300多米的露天赛道上驾车漂移，同时饱览海天一色的美景。船上还有虚拟现实过山车、碰碰车、翻转水滑道等创意项目。

> 图77 邮轮上的游乐设施

> 图78 邮轮上的水上乐园

豪华邮轮的设计奥秘

邮轮功能通过船上空间与系统实现。邮轮的整体功能和各细分功能需要分别进行设计，并相互协调。

邮轮功能分析

邮轮上的功能空间可分为两大类：酒店/乘客住宿和活动空间，以及船舶运营、船员与相关服务人员空间。

为了实现邮轮的各项功能，需要仔细计算船上的空间与面积。为了增加甲板面积，最简单的办法是往上方增加甲板层数，但这样做会使重心变高，带来稳性方面的问题。在客船主尺度中，最影响邮轮稳性的因素是船宽，越大的船宽稳性越好，但船宽有时会受到航线的

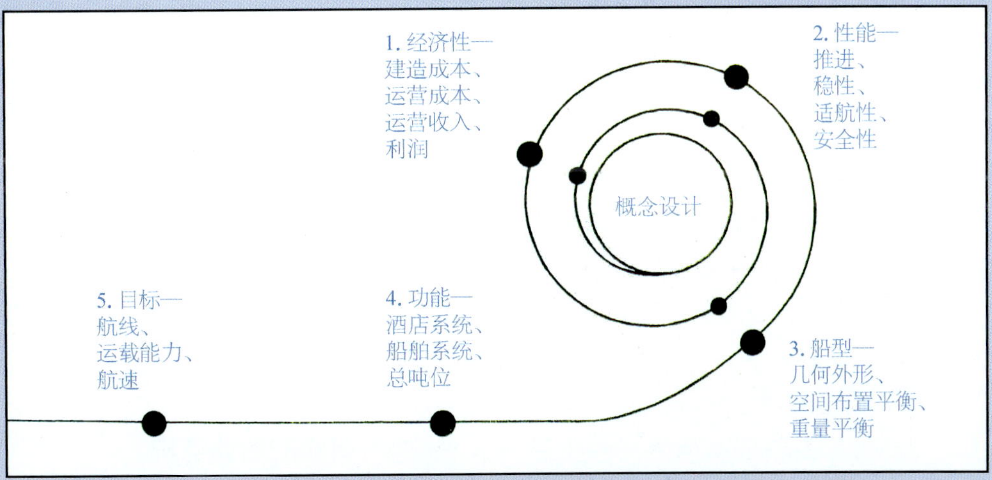

图79 邮轮概念设计要素

> 图80 邮轮上的酒店功能区一角

限制。

邮轮上最重要的系统是动力系统与电力能源系统以及储存燃料、水和所有废弃物的系统。这些系统保障邮轮的推进、电力、空调、冷热水和废弃物处理，使得船上酒店系统正常运转。

酒店功能包含客舱、饭店、酒吧、休息室、商店等。这些地方需要布置足够的通道，如走廊、大厅、楼梯和电梯等。还需设计如阳光甲板、游步甲板等室外区域。

对于服务空间，需设置办公室、厨房、餐厅、洗衣房和商店。邮轮上有服务人员专用的走廊与楼梯，因为只有身穿制服的服务人员允许进入乘客活动区域，其他服务人员只能在服务人员专用空间活动。

可靠的船体结构

邮轮最显著的特点是甲板层数多。为追求艺术效果，邮轮上层建筑常常被

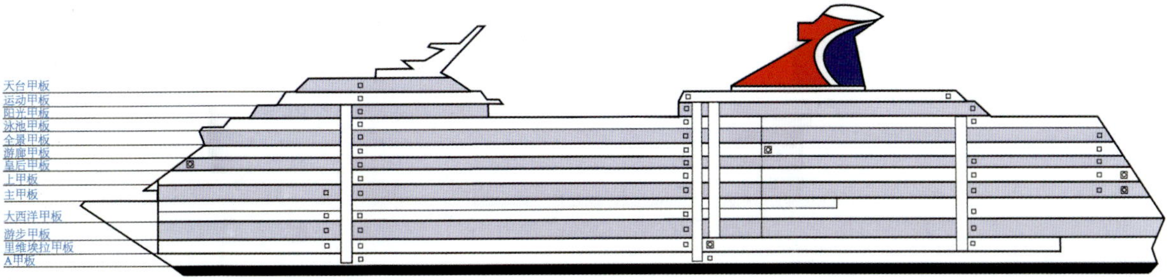

> 图81　豪华邮轮侧视图

设计成新颖、奇特的造型，这些要求都会带来上层建筑纵向与垂向跨度大，同时舷侧开口尺度大而数量多；船上经常需要大面积使用玻璃材料等，也给设计建造带来难度。

> 图82　邮轮甲板层数多，具有大跨度空间

目前豪华邮轮总布置的发展趋势是布局更加陆地化，即陆地建筑的布局方式不断出现在船上。从君主级邮轮开始，豪华邮轮上开始出现大型的中庭设计。以16.8万总吨位的“海洋量子”号为例，围绕中庭设计的大型商业街，贯串两层甲板，很像陆地上的商场布局。

邮轮的总体布置造成上层建筑总纵强度的不确定性。邮轮结构设计的关键，就是要合理评估上层建筑对总纵强度的影响，准确评估船体各个部分的受力情况。在确定总纵强度的基础上，还需考虑剩余强度的要求，以保证船体在遇到碰撞或搁浅等事故损伤后，即使局部舱室进水，仍足以防止船体梁发生断裂。

小贴士

总纵强度和剩余强度

总纵强度指整个船体在重力、浮力、波浪水动力和惯性力等外力作用下，产生总纵弯曲时，船舶整体结构抵抗总纵弯曲而不遭受破损或不发生变形的能力。

剩余强度是指船舶受损后船体残存的结构强度，可以用来衡量船舶承受结构破损的能力。

强劲而稳定的动力

与其他类型船舶相同，豪华邮轮的动力用于两大方面，首先是推动船只航行的主机，其他则用于辅机。由于船上诸如空调、照明功能及繁多的服务项目，辅机总用电量为确保系统安全所需的备用电量之和，与主机消耗的功率不相上下。

> 图83 邮轮上巨大的螺旋桨

邮轮主机通过传动装置驱动船艉螺旋桨转动，推动船舶航行。以现在最大的“海洋量子”号为例，船艉的4个推进器每个为3 450千瓦，相当于24辆一级方程式赛车的动力。柴油机效率高，然而振动与噪声较大，污染较严重，因此2014年后就不再有新建邮轮采用纯柴油机推进系统了。

邮轮主机用电与辅机用电的高峰期是错开的，电力推进系统能够适应负载突变。虽然电力推进的效率未必最高，但具有灵活性强的优势，非常适合豪华邮轮。

现在新造邮轮多采用柴电推进系统，这一系统先利用柴油机发电，再通过电动机

> 图84 邮轮上的柴电推进系统

驱动螺旋桨。柴电推进系统控制下，船速控制平稳且精确，氮化物的排放明显减少。而柴电推进系统还具有布置上的灵活性，柴油机和驱动装置不再受制于传动装置，也实现了机械结构的紧凑化，腾出宝贵的船上空间用于其他服务设施。

此外，燃气轮机动力技术也开始在豪华邮轮中采用。这种技术采用清洁能源——液化天然气替代柴油或重油作为燃料。然而，燃气轮机不仅设备价格高昂，燃料价格也较高，一般仅适合中小型邮轮。目前采用燃气轮机的邮轮有些结合柴油机组成燃气-柴油机混合动力系统，既解决了燃气轮机经济性较低的问题，又解决了柴油机动力不足、噪声较大等问题。

闲庭信步的海上旅程

船航行在海上，受到海上风、浪及洋流等海洋环境扰动的综合作用，会不可避免地产生各个方向上的摇荡运动。若摇荡过于剧烈，不但会影响船舶正常航行、对船上设备带来不良影响，还会使乘客的舒适感大大降低，甚至造成安全隐患。

船舶的运动可分解为左右、前后、上下三组方向上的平移和摇摆，平移的三种形态相应为：横荡、纵荡与垂荡。摇摆的三种形态：船体艏艉方向的摇晃称为纵摇，以船体中部为横轴，前后颠簸；船体左右方向的摇晃称为横摇，与纵摇相比

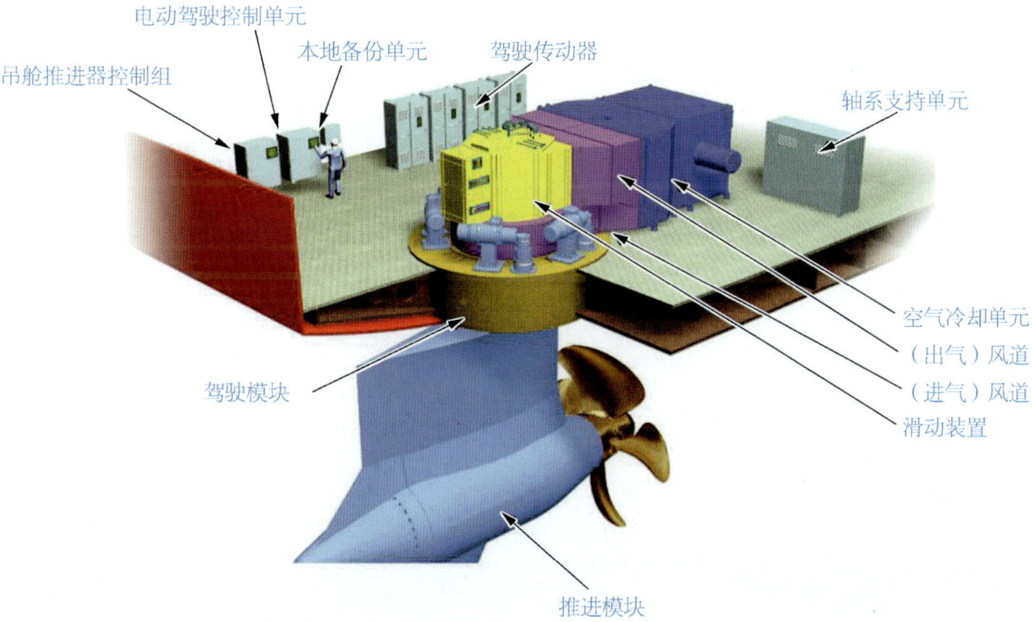

> 图85　吊舱推进装置示意图

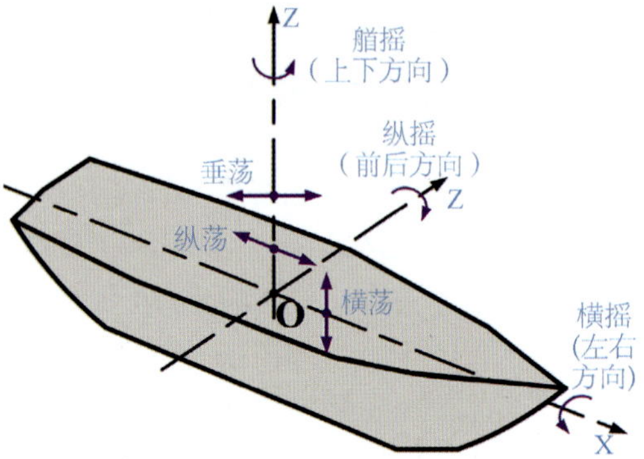

> 图86　船舶运动可分解为6个方向

角度较大。在船体的摇荡中，影响最大的是横摇，所以减摇装置主要是为了减小横摇。

一般来说，同等海况下，船越大越稳，摇晃的幅度也越小。然而无论船大到什么程度，都不可能完全杜绝摇晃。因此，现代邮轮需要采用多种减摇技术减小船舶的摇晃程度。

舭龙骨

舭龙骨是最简单的减摇装置，应用也最为广泛。舭龙骨是安装在船体舭部列板外侧，沿船长方向并垂直于舭板安装的长条形构件。舭龙骨通过扰动船体周围的流场，产生附加阻尼，其中的横摇阻尼与船舶自身横摇相抵消，达到减摇目的。安装舭龙骨的船舶可有效减小20% ～ 30%的横摇。

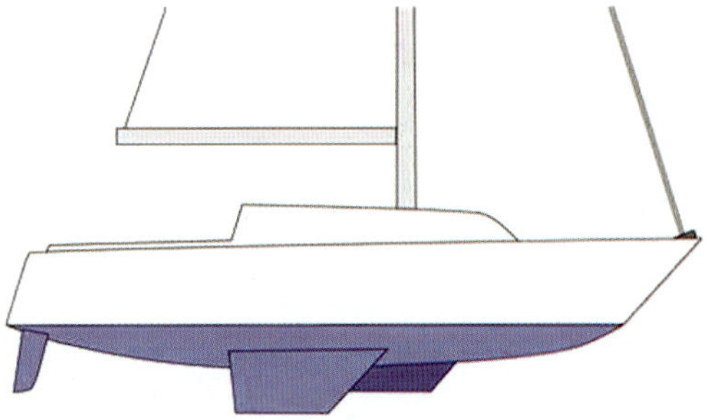

> 图87　舭龙骨

减摇水舱

减摇水舱是通过产生与横摇方向相反的减摇力矩来工作的。以U型减摇水舱为例，船的两舷侧设置两个水舱，并通过船底通道将它们连通，水舱预先注入一定量的水。当船舶摇摆时，两边水舱的液面产生水位差，形成减摇力矩，可以抵消波浪造成的船舶倾斜力矩，从而减小船舶横摇的幅度。一般而言，减摇水舱装置的减摇幅度可达40% ～ 60%。

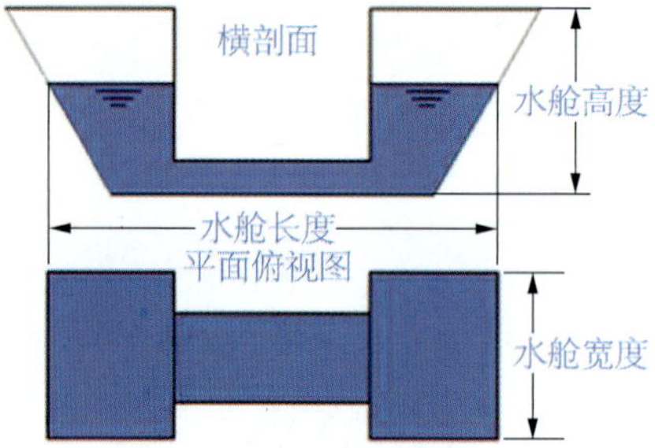

> 图88　减摇水舱原理

减摇鳍

减摇鳍是安装在船体舭部机翼型的鳍，成对安装，可以不止一对。船舶在航行中，水流在两鳍片上产生一对反向升力，形成减摇力矩，有效减轻船舶的横摇。

减摇鳍是目前减摇效果最好的减摇装置，减摇幅度最多可达80% ～ 90%。它

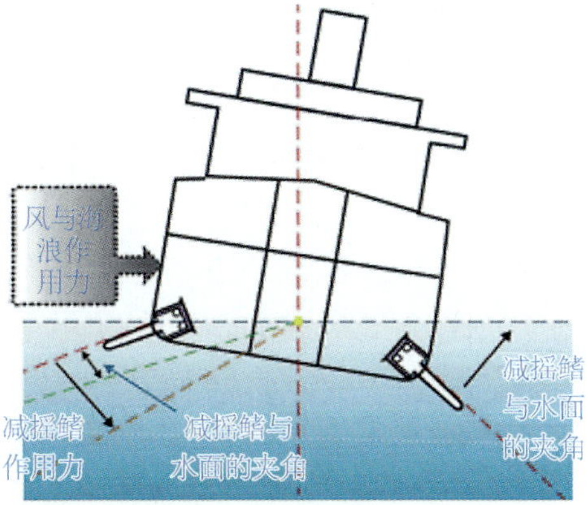

> 图89 减摇鳍原理简图

> 图90 减摇鳍

的缺点是安装复杂，造价比较高；且减摇效果与航速密切相关，航速高时减摇效果好，航速低时减摇效果一般。

减摇陀螺

减摇陀螺又叫陀螺减摇器，它的工作过程首先是让转子高速旋转，具有足够的惯性动量矩。当船艇在波浪作用下发生摇摆时，转子会自发地沿着船长方向往复进动，产生的反作用力矩与船舶摇摆力矩相抵消。在进动调速装置的控制下，可以使陀螺的这种作用力矩在相位上总是与波浪的作用力矩保持大约反向，使船艇减摇。

> 图91 减摇陀螺

这四种减摇方式中，仅采用舭龙骨和减摇水舱的减摇效果，通常不足以满足舒适性要求较高的客船，所以需要结合减摇鳍系统和减摇陀螺使用。减摇陀螺较多应用于小型客船上，减摇鳍则在大中型客船上更为常用。除了邮轮，其他类型客船上常常也会采用这些减摇方式中的一种或几种。

节能与环保

邮轮作为商业运营的船舶，降低能耗既可以减少燃料开支，又可以减少燃料排放带来的污染，所以节能与环保是一脉相承的。同时，在满足一定能耗要求的前提下，邮轮设计还通过各种技术减少排放。

节能

邮轮通过采用先进的发动机技术和改

> 图92　邮轮航线区域往往对环境要求较高

善船体设计来提高推进效率。有的邮轮船体采用了气泡润滑技术，这一技术在船体下方产生数以千计的微小气泡，减少了船体与海水接触的表面积，从而减少船体因摩擦造成的减速，可将燃油效率提高10%。此外，在邮轮整体能耗中占相当比例的空调系统，通过增加智能化应用，也可以提高节能效果。

环保

船排放中的主要污染成分为二氧化碳和氮、硫化物等。豪华邮轮在航行期间挂靠旅游胜地，这些地区往往对环保的要求很高，对邮轮设计建造带来不小的影响。

相对其他追求航速的船舶类型，豪华邮轮航速不高（目前主流航速为20～22节），二氧化碳排放量相对不会太高。然而，随着未来邮轮数量稳定增加，总排放量不断积累带来的排放问题也需引起重视。

全球邮轮市场中，地中海、北美沿海、加勒比海和北欧等地区邮轮航线十分密集，同时也属于污染排放控制区，这些地区的邮轮需要遵守相应的硫化物和氮化物的排放标准。从2015年和2016年起，北美和加勒比海地区基本禁止硫化物和氮化物排放。从发展趋势看，污染排放区的范围和标准会逐步扩展。

为达到硫化物排放要求，目前主要采用的方法有重油+废气洗涤器、低硫柴油、生物柴油和液化天然气燃料等。对于氮化物排放，则采用废气循环法、选择性催化还原法和液化天然气燃料法3种方法降低污染排放。

综合来看，采用液化天然气或生物柴油是最根本的解决方法，有一定数量的邮轮开始尝试这一方法。嘉年华邮轮公司2019年新造的4艘豪华邮轮就采用液化天然气为动力燃料，这是液化天然气在大型豪华邮轮上的首次尝试。

安全返港要求

为了保证各种运行条件下都能具备足够的安全性能，豪华邮轮需配备很多相关

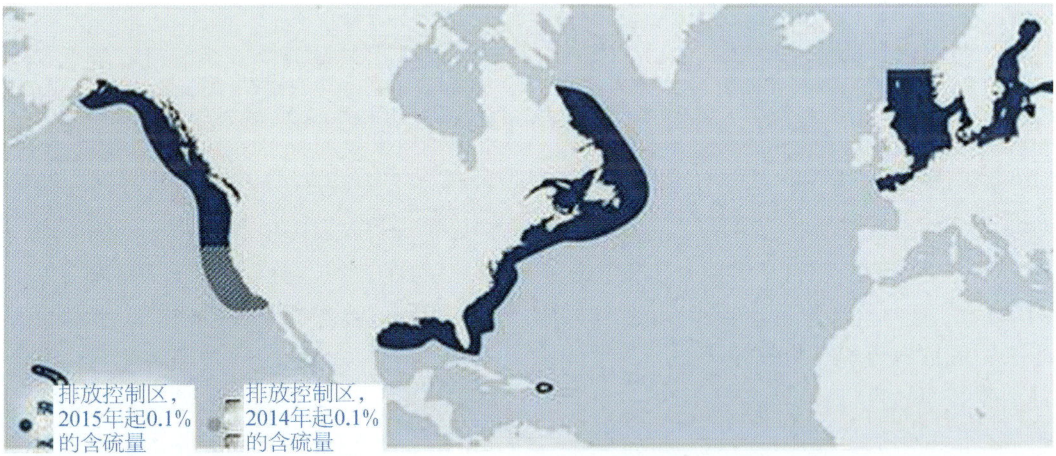

> 图93　北欧和北美的硫化物与氮化物排放控制区

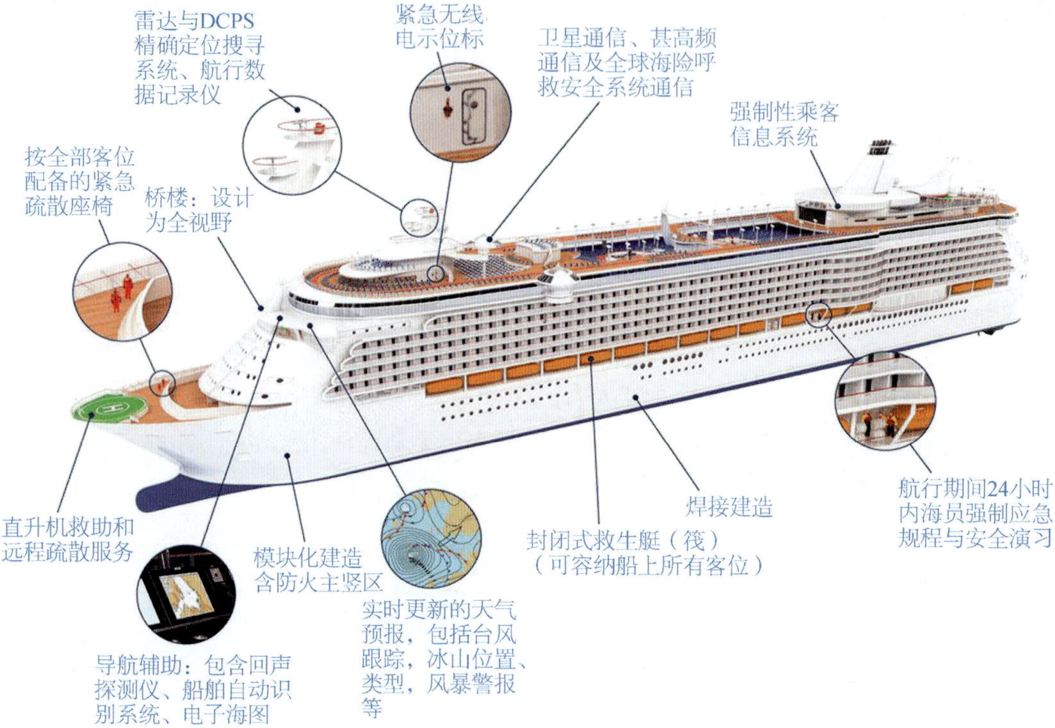

> 图94 邮轮上的各种安全措施

设备，且布置较复杂。

每一次重大海上事故的发生，均会带来船舶安全方面规范规则的变化与更新。2000年前后海上发生了几起重大海难事故，使得人们开始思考除了弃船逃生外，是否可以使船舶自身具备足以安全返回港口的能力。国际海事组织通过对30年来因火灾导致的豪华邮轮弃船、沉没或动力失效事故进行分析发现，对于一定严重程度内的事故，船舶本身就是最好的救生艇。

安全返港是高度冗余的设计理念，不仅需要双套置于不同区域的推进和操舵系统，而且需要对安全区域系统、消防系统、舱底和压载系统、配电系统、航行系统、通信系统及火灾探测报警系统等进行评估，并应结合防火主竖区进行合理的布置。

目前，嘉年华邮轮集团的每艘邮轮都加装了应急发电机，可覆盖客舱与公共区域卫生间、净水系统与电梯设备的全部电力。今后，该公司计划安装用于厨房、冷库、互联网与通信设备等长效备用系统。

邮轮的建造

如果说航母和液化天然气船是造船皇冠上的明珠，面对豪华邮轮，它们的光芒都要趋于黯淡，因为豪华邮轮的建造难度比它们高得多，可以说是集中了现代造船工业、建筑工业和艺术审美等为一体的“巨系统工程”。

豪华邮轮的建造具有技术、资金和信息密集性特点。现代邮轮由“交通型”转向“旅游休闲型”以后，功能上的根本性变化，带来设计建造难点的变化，邮轮建造在“造船技术”基础上，融入大量“文化元素”，使得豪华邮轮的建造已远远超出船舶建造本身。相比其他船舶种类，豪华邮轮需要协调更多的相关专业与工作流程，仅仅依靠船厂远不能完成所有设计建造任务。

邮轮建造的难点

现代大型邮轮为多层甲板结构的复杂船型，相比普通船型，其上层建筑的设计难度激增。

邮轮的多层甲板结构设计复杂。相比传统船型，邮轮甲板和钢板上更多的开孔、管系、设备，结构强度计算工作更

> 图95 “海洋和谐”号上的大跨度空间礼堂

小贴士

安全返港

该规则可简述为：船舶在一定界限内发生火灾或进水事故时，船舶在单机单桨情况下能够在8级风及相应海况下以最小6节的速度返回港口，返港过程中旅客处于“安全区域”内，且基本生活需求能够得到满足；当事故超出安全界限时，重要系统能持续运行3小时，以保证船上所有人员有序撤离。

多。在设计过程中还需要逐一规划大型邮轮上大量公共空间、数百个客舱和通道，对应的电气、消防和特殊设备。

随着现代邮轮越来越豪华，功能越来越多，公共服务设施和娱乐设施日趋完备和丰富多彩，船上歌剧院、夜总会、各色餐厅、酒吧、水上游乐场、购物中心、图书馆、教堂、高尔夫球场等，这些场所的结构设计与配套设计，都涉及不同专业领域，很多功能都超出了船舶专业本身，它们之间的联结与组合，形成了邮轮设计建造这项“巨系统工程”。此外，海上大型邮轮需满足安全返港等公约要求，也是设计过程中极大的挑战。

这些因素造成豪华邮轮设计过程的计算量大、难度高且耗时长。目前邮轮设计一般由许多家公司承担，不同公司的设计风格和特点需要相互协调并与邮轮总体风格搭配。一套完整的邮轮设计图纸需要船东、船厂和设计公司共同完成，设计时间长达2～3年。

除了功能设计，审美要求也是邮轮设计的难点。邮轮发端欧美，一直传承西方古典文化艺术传统；目前邮轮市场的主流人群仍为欧美人，邮轮的装饰审美设计依然以这一风格为主，对于亚洲船厂与设计师来说，自然难以透彻理解和展现这些文化审美要求。随着亚洲邮轮市场的崛起，需要更多融和亚洲文化艺术元素的邮轮，为亚洲邮轮建造带来新的契机。

邮轮建造的模式

目前，邮轮建造采用总段化、模块化的建造模式。

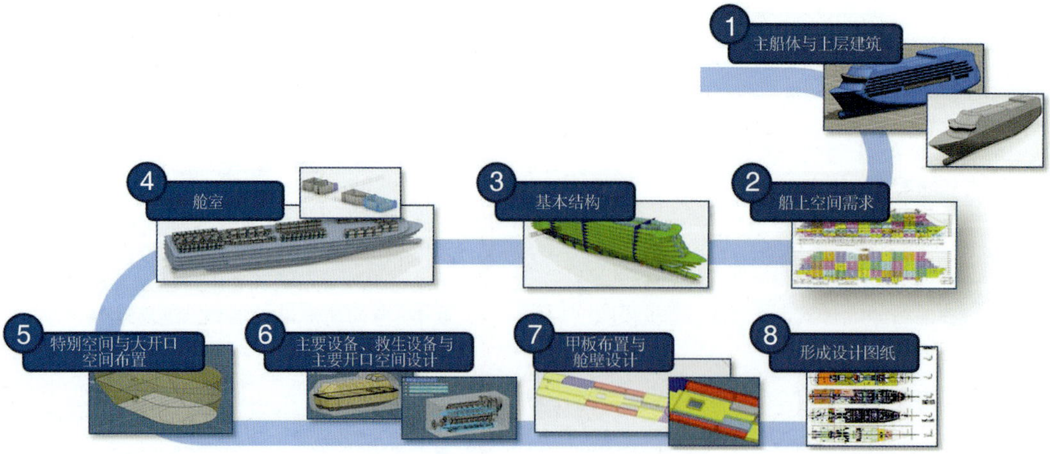

> 图96 邮轮设计中的重要环节

总段建造

邮轮建造中，首先需要将经过防腐处理的钢板切割成为合适的尺寸；然后焊接，再铺上电路和管线，制成预制分段；最后进一步焊接，组成总段模块。以德国迈尔船厂为例，10万吨级邮轮分为70个总段，每个总段约800吨。

简单来说，总段建造基本上只是“造壳”，即为其他的功能设备的安装实现提供一个整体空间，同时也是一个满足水、电、气等基本生产条件的平台，让众多专业公司在这一平台上分工负责，协调合作，共同完成这项系统工程。

舱室模块组装

大型邮轮的建造除了机舱以外，舱室区域都采用标准化模块建造。舱室包括天花板、墙面和卫生单元等，建造材料具有防火、隔音等特性。建造完成的舱室模块中管系、电缆和家具等设施齐备，几

> 图99 预制舱室模块

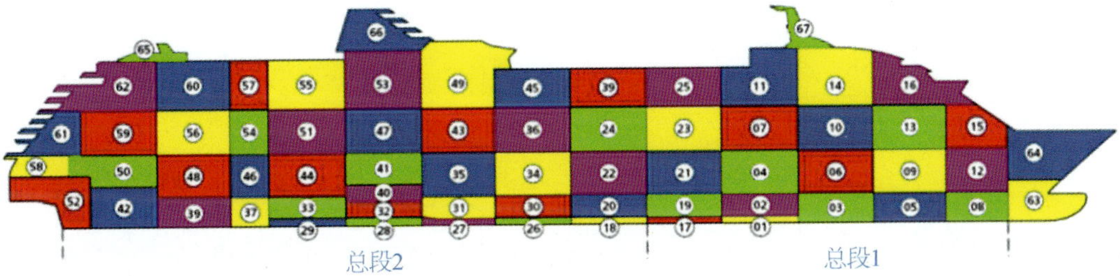

> 图97 邮轮建造的总段与分段划分示例

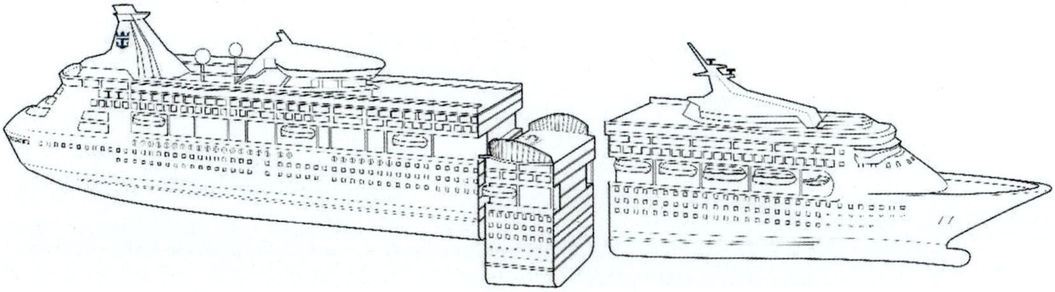

> 图98 邮轮总段安装

> 图100 正在安装预制舱室模块的邮轮

乎“拎包可住”。在安装时，只需将舱室模块的相关管系和电缆与船上总管系和总电缆接通，舱室就与邮轮融为一体。舱室安装在船舶主体结构完成后开始，至试航后才完全结束。模块建造占全船总工作量的2/3，需要高度预制化的舱室模块建造工艺。

功能单元模块组装

为保证邮轮在各种运行状态下的安全性与舒适性，船上需要配备许多设备，比如大量的中央空调系统与防火、救生系统等。这些系统设备也是预先在船厂车间组装为功能模块，经测试合格后整体吊装上船并进行安装。

模块化预制技术大大缩短了邮轮的整体建造周期，提高了单元的建造标准，也有助于邮轮整体建造质量的提升。

邮轮建造的协调管理

从大型邮轮建造过程来看，涉及设计、技术工艺、材料及供应量、进度、质

> 图101 邮轮船体吊装建造

量、安全，以及人力等多种因素，协调管理的工作量远大于其他船型。现代邮轮刚开始兴盛的年代，船厂负责邮轮建造的包括设计、建造、装潢等在内的所有工程项目。如今的邮轮建造加强了专业分工，舱室模块制造、系统模块制造、公共场所等内部设计和装饰装潢等任务被逐渐分解到不同的专业企业。因此，船厂的直接生产任务少了，协调管理的工作却多了很多。

目前建造一艘10万吨级的豪华邮轮大约需要2年时间，舱室建造时间就达1～1.5年，工作量极其庞大，要求建造的计划和安排合理高效。而整体部件外包中，如何控制外包工作的生产质量和交货时间是很大的考验。船上还有大量具体建造和装修工作的管理，包括各整体部件的安装等也充满挑战。

比如“海洋绿洲”号邮轮的建造过程，船体分为220个总段，消耗近40万个钢材部件、45 000个装配组件，综合协调管理工作极其复杂。

设备配套体系

豪华邮轮装配的船用主辅机、核心零部件的设计生产国基本都是欧美国家。邮轮内部装饰精益求精，装饰材料与安装工艺大部分需要从欧美进口产品和技术。我国的大型邮轮项目会大大促进这些配套设备在我国相关厂家的研发与建造，推动我国邮轮自主设计建造的国产化水平。

> 图102　邮轮主机

世界主要邮轮公司与代表邮轮

邮轮在建造完成投入使用后，需要有专门负责邮轮日常的运营公司，进行包括邮轮航行、各项旅客服务以及日常维护等方面的工作，这样的公司就是邮轮公司。邮轮公司的业务分为两大模块：一块是运输业务，一块是船上服务乘客休闲娱乐的商务部分。邮轮的船长，既是船员的最高领导，又是酒店员工的最高酒店经理。

邮轮公司中，一些是传统航运公司的直系后代（如冠达公司），另一些则是从20世纪60年代成立专门以巡游为目的的公司。20世纪90年代，邮轮市场经历了多个邮轮公司的破产和合并，很多公司被收购并继续营运，以品牌或子公司等形式营运。

目前，世界三大邮轮控股公司和运营商分别是嘉年华邮轮集团、皇家加勒比邮轮公司、丽星邮轮。

嘉年华邮轮集团

嘉年华邮轮集团是世界上最大的邮轮公司集团，以平价的短途邮轮旅程著称。

> 图103 嘉年华邮轮（一）

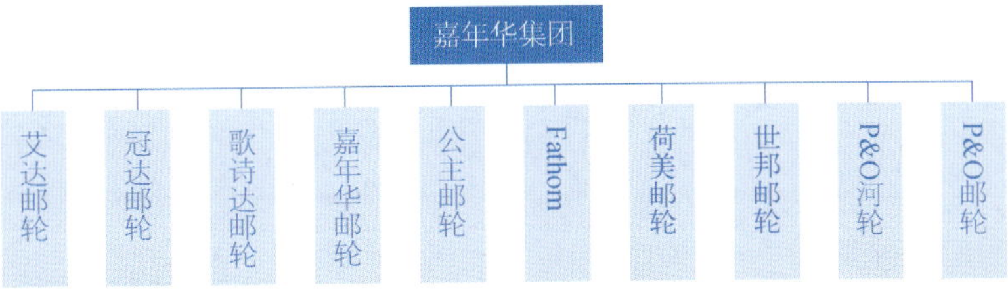

> 图104　嘉年华邮轮集团品牌

嘉年华邮轮集团旗下有多个邮轮公司品牌，嘉年华邮轮是作为面向年轻人的“派对船”而享誉世界，现在已经越来越大型化、现代化。

嘉年华豪华邮轮拥有一根像鲸鱼尾巴的红色烟囱，色彩鲜艳，既富有动感，又使人联想到大海中的鲸鱼，亲切可爱。邮轮的水线以上部分几乎通体白色，局部以醒目的水平红色线条做横向划分，突破单调感。整个邮轮中各处用色和谐统一，白色为主，以红色和蓝色做局部装饰，典雅中透露着激情与活力。

世界第一艘超过10万总吨位的超大型邮轮——嘉年华阳光号（原嘉年华迪士尼号）就是嘉年华邮轮在1996年建造的。

嘉年华邮轮集团旗下的荷美邮轮船只

> 图105　嘉年华邮轮（二）

则是以经典优雅的形象而著称。2004年，嘉年华邮轮集团合并了冠达公司，将它作为一个独立的子公司经营。

皇家加勒比邮轮

皇家加勒比邮轮公司（Royal Caribbean）成立于1969年，旗下拥有绿洲、自由、航行者、灿烂、梦幻、君主6个系列邮轮。船上有着百老汇式的娱乐表演，以及针对家庭和探险爱好者的娱乐项目。

目前皇家加勒比邮轮公司的“海洋和悦”号（绿洲级）为全球最大邮轮，有22.7万总吨位，船长362米，宽65米，相当于将3个足球场沿长度方向连接起来，共有18层甲板和2 704个客舱，最多可搭载6 296名乘客和2 384名船员。

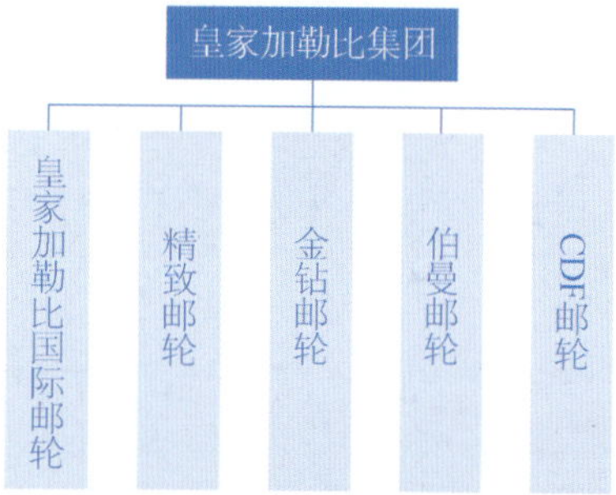

> 图107 皇家加勒比邮轮公司邮轮品牌

> 图106 嘉年华邮轮集团旗下艾达邮轮

> 图108　绿洲级邮轮“海洋和悦”号

船上的商业步行街两侧有数十家饭店、咖啡店和酒吧。船上有滑冰场、多个游泳池、SPA馆、体育馆、攀岩墙，一个两层甲板高的舞厅和一个1 380座的大戏院。水上乐园的水滑梯就高达45米，相当于10层楼高。

船上的中心广场还建起一个拥有一万多棵真实树木和植物的大公园，形成郁郁葱葱的热带景观。广场周边分布着带有阳台的客房、安静的步道与露天餐厅。船上艺术品多达11 252件，运动设备3 415台。建造这样一艘邮轮需花费75万个工时，而帝国大厦的建造只花费了70万个工时。

丽星邮轮

丽星邮轮是一家亚洲邮轮品牌，定位于亚太地区的国际旅游，从邮轮风格到航线安排等方面都更针对亚洲市场的口味。丽星邮轮经营的邮轮为中型邮轮，与嘉年华和皇家加勒比的巨型邮轮相比较小，不

> 图109　皇家加勒比邮轮公司旗下品牌精致邮轮

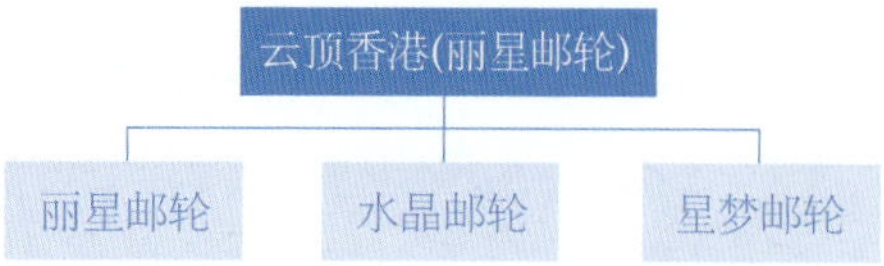

> 图110 丽星邮轮旗下品牌

过90%的套房有阳台。丽星邮轮都以星座命名，船身也会被画上不同的星座图案，成为丽星邮轮独一无二的标志。

诺唯真邮轮公司（也有译为挪威邮轮）邮轮的特点非常显著，船体白色，以各种色彩组成的丰富图案鲜艳夺目，个性鲜明。船体的舱室设计简捷大方，富有节奏感。烟囱造型统一，蓝色的背鳍型烟囱带有强烈的速度感又不失稳定；蓝色的图底上是红色的波浪状条纹，富有动感，亲切醒目。

“诺唯真喜悦”号，船体画采用了中国文化中的瑞鸟“凤凰”，色彩选用了中国古代皇室常用的两大色调——红色和黄色：红色代表喜悦，黄色代表尊贵，恢宏的外观下充满欢欣的感觉。画面穿插采用蓝色，寓意波澜壮阔的海洋。

> 图111 丽星邮轮“双子星”号

邮轮产业链

邮轮旅游所驱动的邮轮经济包含着一条长长的产业链，其中涵盖邮轮运营、港口服务、邮轮设计与建造、邮轮保养、维修与改造，以及相关商业等众多环节。我国已经开始建设具有全球竞争力的邮轮母港。随着世界邮轮旅游市场东移，邮轮设计、建造与维护等技术环节，以及相关配套产业，也将逐步成为我国邮轮产业的建设目标。

> 图112　诺唯真公司的邮轮

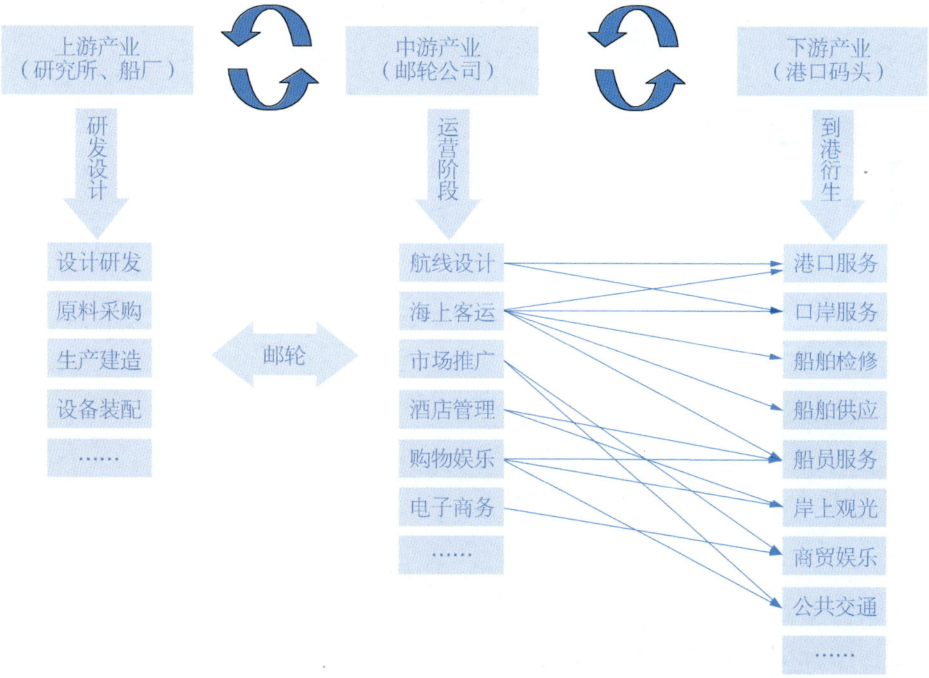

> 图113　邮轮产业链

> 图114　上海吴淞国际邮轮母港

中国邮轮建造启航

经过船舶工业数十年砥砺奋进，我国终于加入了世界邮轮建造国行列，开始攫取这颗“造船皇冠上最璀璨的明珠”。

2018年中国第一届进口博览会上，中国船舶工业集团有限公司（简称中船集

> 图115　我国首个大型邮轮设计建造签约仪式

团）与美国嘉年华邮轮集团、意大利芬坎蒂尼集团正式签订2艘13.5万总吨位远景级大型邮轮建造合同，并保留另2艘该级别邮轮的优先选择权。这项合同项目中正式生效的2艘邮轮每艘价格为7.7亿美元。2艘邮轮将由中船集团旗下中船邮轮科技公司和上海外高桥造船有限公司联合设计建造，建成后将主要服务于中国市场。第一艘国产邮轮将于2023年9月交付，第二艘邮轮初步预计在2024年12月交付。

这个合同成为我国造船历史上首个真正意义上的大型邮轮建造合同。这两艘邮

> 图116　我国签约的远景级邮轮

轮船东为中船嘉年华邮轮有限公司。

这一合同签约建造的远景级邮轮，总长323.6米、型宽37.2米、船高72.2米，最大吃水8.55米，最大航速22.6节。邮轮可容纳5 246名乘客。船上的2 125间客舱中，套间34间，海景房287间，阳台房969间，阳台房比例近半，其余为内舱房。

邮轮共有16层甲板，仅餐饮就包括从自助餐到高档牛排餐厅、酒吧等类型。娱乐方面有IMAX电影院、大型剧院、购物广场、艺术走廊、儿童中心、水上乐园等各类设施。豪华程度超过五星级酒店，被誉为“海上不夜城”。

动力系统方面，邮轮主要采取吊舱式电力推进系统。主柴油发电机总功率62.4兆瓦，包括2台16.8兆瓦和3台9.6兆瓦柴油机，以及2台16.8兆瓦吊舱推进器。总功率相当于6万台空调消耗的功率。

远景级邮轮全船安全管理集成平台提

> 图117 远景级豪华邮轮的特色区域

供安全监测、应急操作及辅助决策等功能，其中包含火灾探测报警系统等。

在设计中，采用“替代设计”技术，利用模拟仿真的方法，实现超大防火主竖区、大容量救生艇，以及“安全返港”等设计。

船上的生活保障系统包括造水系统、灰水和黑水处理系统、垃圾处理系统等，能够满足邮轮满载时乘客与船员的日常生活和休闲娱乐等需求。

渤海珍珠
BO HAI ZHEN ZHU

第4章 能载汽车的客滚船

国际客滚船队从20世纪60年代末兴起，成为国际客船运输市场的后起之秀，在发达地区的船舶客运市场发展尤其迅速。20世纪90年代以后，汽车货物增长迅速。客滚船开始只在几小时的短程航线上运输，后来中、远程也逐渐发展起来，总体而言，以航程在24小时以内的中短途航程更具优势。目前，客滚船在欧洲、美国沿海及日本列岛等地区应用较多。

20世纪70年代末，我国滚装船运输开始出现。20世纪90年代得到较大发展，逐渐形成了以渤海湾为中心的渤海黄海市场、以长江三角洲和舟山群岛为中心的东海市场（包括台湾海峡），以及以琼州海峡为中心的南海市场。

> 图119 渤海湾“珠”字客滚船

> 图118 欧洲地区客滚船

客滚船小档案

客滚船一般在内海、海湾、海峡和沿海岛屿间从事运输，它既能运载乘客，也能运载乘客驾驶的车辆，以及其他类型的车辆，如载货卡车等。

客滚船是在渡船和滚装船的基础上发展演变而来的，是汽车工业催生出的船型。最早的渡船只载客，为了满足乘客自驾车乘船的需求，渐渐演变成为车客兼顾的车客渡船。车客渡船的航程往往较短，船体尺度较小，构造较简单，船上的服务

> 图120　靠岸的客滚船

> 图121 早期旅客渡船

设施也较基本。

随着滚装船的产生，能够运送乘客的客滚船逐渐出现。在行程较长的航线上，客滚船往往为乘客准备了精美的饭店、咖啡厅和酒吧等设施，服务设施更为舒适完备。时至今日，车客渡船与客滚船的区别并非十分严格，客滚船也常用于一些渡轮航线。本章就以客滚船指代这一大类客船。

> 图122 车客渡船

此外，有些客滚船在搭载乘客和自备

> 图123　客箱船

车辆外，还装运货物，这就是滚装客货船；如果搭载的货物是集装箱，则又称客箱船。

随着人们出行需求的变化，客滚船也吸收了越来越多豪华邮轮的设计元素。目前全球的客滚船中，有一类高速大型客滚船，达数万总吨位，车客比（汽车数与旅客数之比）超过1/3、航速大于20节。这种船在外形上更为高大，船内设备更加豪华，也称豪华客滚船。

客滚船能车、客同行，避免陆路绕行海湾，给地区间人员和货物往来提供快捷的运输方式。客滚船便于岛岸之间人员车辆往来，解决了因客观条件限制不能发展铁路、公路和飞机地区的交通问题。

> 图124　“五指山”号客滚船

认识客滚船

客滚船与其他客船有相似之处，它的上层建筑也十分高大，外形优美。由于多了汽车这类货物，客滚船的构造和设备中又有了许多特别之处，让我们来一探究竟。

客滚船和普通客船一样属于布置地位型船舶，机舱位于主甲板以下靠近船艉处。客滚船的垂向布置一般分为上、中、下三部分。上部区域主要为旅客及船员舱室、驾驶室、应急发电机室等；中部为车辆舱；舱壁甲板以下区域，一般包括底部车辆舱、油舱、浮力边舱等。客滚船底部通常为双层底，船艏、船艉区为方便车辆进出，一般设为单层底结构。

> 图125 客滚船解剖图

> 图126 客滚船汽车甲板

车辆是怎么上下船的

客滚船靠岸方式有端靠式和侧靠式两种。

端靠式是指船艏、船艉靠岸的方式。端靠式客滚船一般吨位较小，通常船艏、船艉端对称且相通，船艏与船艉均装有推进器和船舵。这样，船艏、船艉均可以靠岸，汽车多由艏门、艉门和跳板上下船。

侧靠式客滚船比较宽大，汽车可从船两侧上下。为保证旅客上下船的安全，客滚船为旅客设置有专用通道，形成人车分流。

> 图127 设有双艉门的客滚船

小贴士

艏门、艉门和艏艉门

艏门是位于客滚船或滚装船船艏的水密门，艉门是位于船艉的水密门，是可以打开的门，是车辆上下船的主通道。艏艉门位置一般也是跳板位置。跳板有时可兼做水密门，若跳板较长，可折叠后作为水密门。

小贴士

跳　板

跳板是架设于船舶与码头之间的活动坡道，利用铰接方式与岸搭接，滚装货物通过跳板上下船。跳板的形式有直跳板、斜跳板和旋转跳板三种，常用的为直跳板和斜跳板。直跳板为沿船长方向设置的跳板；斜跳板由几节跳板组成，设置方向与船体中心线成一定夹角。

艏门、艉门关闭时具有水密性，一般设置在客滚船的汽车甲板上。由于海上航行时船艏易受到风浪冲击，故艏门应特别加强结构强度并紧锁于船体之上。在艏门、艉门的设计和操作中，要严格防止进水，以免带来安全隐患。

客滚船一般设2～3层车辆舱，车辆舱前后贯通，汽车甲板呈长方形，两端设有跳板，跳板不用时可收藏在吊架上。车辆一般从位于中层车辆舱的艏艉门上船，并可通过固定式车辆坡道、活动式车辆坡道或车辆升降机进入上层车辆舱和底部车辆舱。

最初的汽车渡船是单层的。后来为了增加运载乘客与汽车的空间，开始出现多层汽车渡船和客滚船。多层甲板扩展了甲

> 图128 打开的艏门与跳板

> 图129 跳板可兼做艉门（船艉左为直跳板、右为斜跳板）

> 图130　人车分流上下船

> 图131　客滚船车辆舱中的斜坡道

板面积，便于优化乘客活动空间、增加装车数。卡车、拖车类货物所需甲板高度为4.4～4.8米，而家用小汽车仅需2.0～2.4米。根据汽车货物类型不同，有的客滚船设有升降甲板，可将车辆舱空间得到最大化的利用。

车辆进入下车辆舱一般有两种方式，一种是车辆通过坡道直接驶入固定斜坡道，快而方便，缺点是坡道会占据下车辆舱很大部分的车辆停泊位置，而且较长的坡道对船厂的建造能力也是一个考验。另一种方式是设升降平台，平台长度只要满

> 图132　客滚船车辆舱

足一般大货车的长度要求，不占据任何下车辆舱的停泊位置，建造施工方便，缺点是平台上升下降一个来回只能运载一辆车，装卸速度较慢。

因为客滚船运载的车辆会排出有害气体，所以对通风的要求较高，在上甲板设有很多通风筒。

客滚船上的乘客通过楼梯和电梯在汽车甲板和乘客活动区域之间通行。考虑到使用便利，这些通道大多设置在船舶中部，而非船的一侧。设置在中部还有一个好处是能够降低其上甲板的振动。

> 图133 客滚船驾驶舱外观与内景

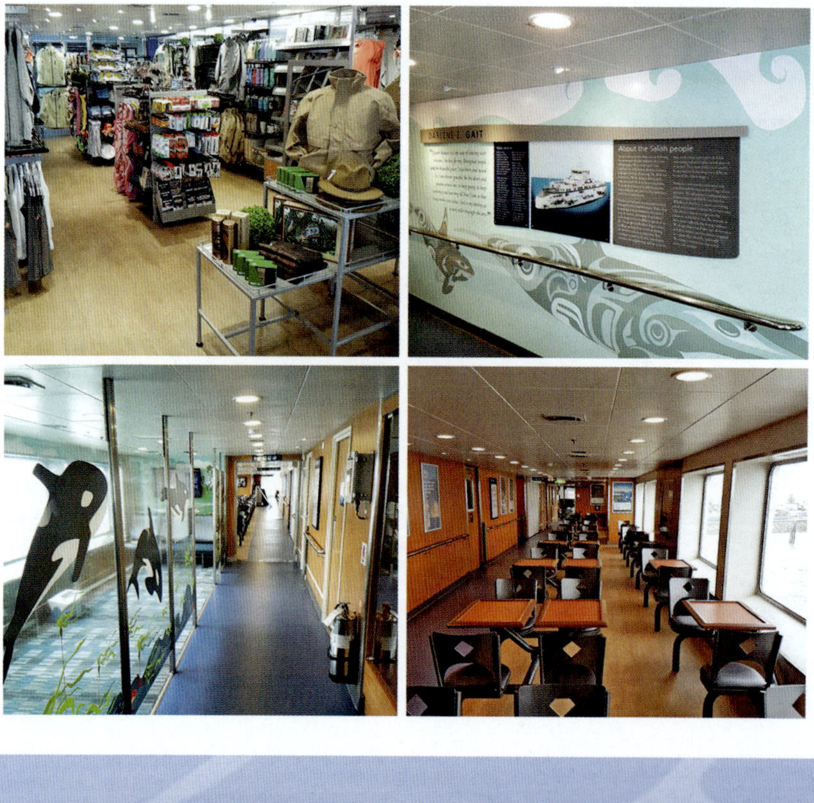

> 图134 旅客活动区域

动力系统选择

相对于豪华邮轮的悠闲旅程，客滚船的乘客一般更看重旅行效率，因此客滚船的航速高，主机功率大，使得螺旋桨负荷增大，而螺旋桨尺寸又不能无限制增大，因此需要设置双桨来分担负荷。此外，考虑到船舶航行安全性与港口操纵性，也要求客滚船设置双机、双桨、双舵，以及侧推等装置。

> 图135　客滚船主机舱

由于机舱空间受限制，当客滚船采用常规推进方式时，须选用体积小、重量轻的中速柴油机，通过减速箱来驱动螺旋桨。机舱布设在艉部，烟囱置于两舷。

客滚船的设计难点

客滚船作为客船的一种，在设计中与小型客船及豪华邮轮有很多相似之处；又由于特殊的车辆舱设置，而带来一些特别的设计难题。客滚船设计考虑因素主要包括航线距离、乘客及汽车运载要求、速度要求和海况等。根据这些因素，确定出客滚船的重要技术参数，包括车道长度、旅客人数、载重量、航速。客滚船对于乘坐舒适性的要求也较高。

小 贴 士

车道长度

车道长度是指船上停放车辆的车道长度。车道长度是衡量客滚船车辆运输能力的重要指标。

客滚船的稳性难题

客滚船对安全性与舒适性要求很高，这些性能都与稳性相关。客滚船上层建筑高大，重心高。重心高的船舶容易出现横摇角度过大，而摇晃过大可能造成船倾覆，也可能使舱内车辆、货物移动。若车辆移动碰撞则可能导致火灾，这种情况在我国渤海湾就发生过。

在客滚船稳性设计时，需要针对航行、装卸、高潮位、低潮位等不同的船舶工作状态来校核，以确保所有状态的船舶稳性都符合要求。客滚船特有的车辆舱对它的稳性问题产生重大影响，车辆舱中的货物需要在各车辆甲板层运输，或者由船向岸运输，船的重心移动变化频繁，会使船浮态难以控制，从而有可能降低船的稳性。

为此，客滚船需设置减摇鳍和减摇水舱等减摇设备，减摇水舱一般设置在上甲板（露天甲板）区域。以“渤海宝珠”号为例，它通过减摇鳍和双艏侧推器的设计，能够达到在8级风、5级海况下横摇不

> 图136 客滚船的稳性是设计难点

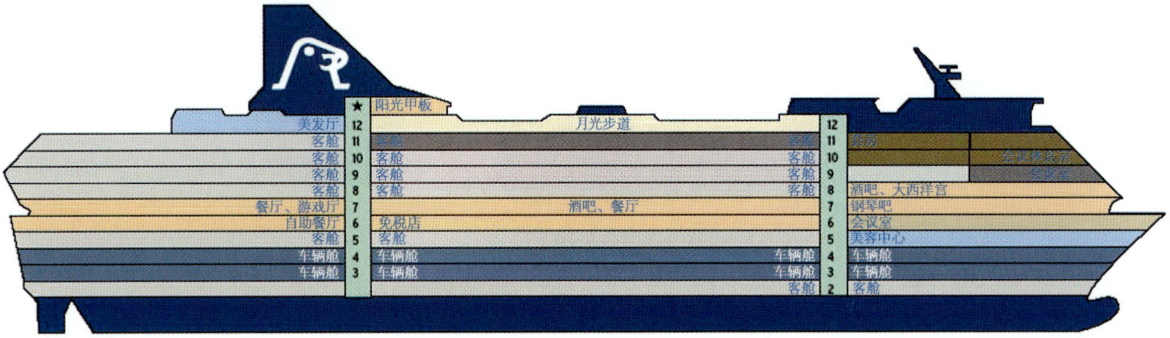

> 图137　客滚船侧视图

超过3度，具有非常优越的性能。

车辆装卸时，因船上临时停放的车辆不对称，会造成船舶横倾问题，当横倾角大于3度时，会对艏、艉跳板的使用安全产生影响。因此，客滚船上还会安装防横倾系统：该系统主要由一对防横倾水舱、一台大功率可逆转水泵组成，可以在极短的时间内使船舶减小倾角，快速恢复到合理的浮态。

客滚船的安全难题

客滚船的车辆舱为它的安全性设计带来很大考验。车辆舱为了让车辆顺利行驶，只能设计为全通甲板，这就意味着车辆舱没有横舱壁的水密分舱，车辆舱一旦进水，水沿着船长方向长驱直入，整个车辆舱成为一个大水柜，这不仅会导致船舶失去浮力，而且由于自由液面效应会对船的稳性产生不利影响。

为了提高客滚船的破舱稳性，客滚船干舷甲板以下两舷各设一道水密纵舱壁，燃油舱可设于舷侧的双壳内或双层底以下，形成保护。双壳内的空舱通过底部连通管左右相连，以免不对称进水。

车辆舱的全通甲板使客滚船不能设置防火主竖区，车辆舱的防火分隔一般采用水平分隔，每层车辆舱形成独立的气密区域。

小贴士

自由液面

如船内的液体舱柜，当液体未装满时，与空气接触的液面被称为自由液面。在船舶倾斜时，这些舱柜的自由液面会自由变动，以保持与船外水面平行，因而会造成船舶重心变化超过安全限度，以及船舶稳性变差，发生倾覆危险。

我国的客滚船明星

我国客滚船航线主要位于渤海、东海和南海的海湾和沿海，在内河也有运营。21世纪以来，我国建造的客滚船除了供应国内市场，出口订单也稳步增长。

我国渤海地区的客滚船

随着渤海湾地区的经济蓬勃发展，渤海湾地区轮渡成为连接东北、华北和华东的蓝色高速公路，其中代表性的有大连—烟台航线。大连到烟台的公路运输距离为1 600千米，驾驶车辆需要40小时；而海上运输距离只有165千米（89海里），走海路只要5小时。

环渤海经济圈拥有2 668千米的优质海岸线、7.7万平方千米的海域面积、13个环渤海城市与100多个已建港口，除了交通优势，还具有发展海上观光旅游的优势。客滚船不仅可以构建渤海交通旅游通道，也进一步推动渤黄海地区滨海休闲度

> 图138 渤海湾港口

假旅游建设。渤海湾相连的黄海，也是客滚船发展的潜力地区，采用客滚船的中韩航线已经开通，规模还在不断扩大。

我国首艘满足“安全返港”要求的客滚船——“生生”号

近年来，我国国内航线的客滚船也需要满足安全返港的设计要求，保证在意外发生时，船上人员有序撤离，且系统能够维持相关运行要求。“生生”号是我国第一艘满足这一要求的客滚船，它航行于渤海湾的大连—威海航线，可载客2 200位，拥有2层车辆舱，车道总长1 100米，5 500载重吨，最大可承受120吨的单车载荷，车辆限高是4.85米。

> 图139 “生生”号客滚船

> 图140 “生生”号客滚船靠岸

“生生”号的上层建筑分为3个防火主竖区（垂直防火区域），汽车舱分为2个水平防火区域。3个防火主竖区中均设有消防泵，当其中任一主竖区失火，另2个主竖均能作为安全区。因船载乘客安全返港时间设计为12小时以内，安全区域甲板总面积不少于2 160平方米，人均1平方米。在安全返港时，安全区域能为乘客提供基本服务，包括：卫生、水、食物、医疗处所、风雨遮蔽、防寒防暑、照明通风等。

渤海“珠”字系列

渤海大型“珠”字系列客滚船已有11艘正式投入渤海湾烟台—大连航线运营，分别叫作“渤海金珠”“渤海银珠”“渤海珍珠”“渤海玉珠”“渤海宝珠”“渤海翡珠”“渤海晶珠”“渤海翠珠”“渤海玛珠”等。它们按照有关国际航行船舶规则和规范要求进行设计建造，是我国具有自主知识产权的客滚船。这系列客滚船占据渤海湾客滚运输总运力的半壁江山，同时还是我国首次系列建造的军民通用客货滚装船，贯彻了国防要求。

以“渤海晶珠”号为例，船总长178.8米，宽28米，3.5万总吨位，乘客定额为2 300人。船上车道长度2 500米，设有3

> 图141 “渤海晶珠”号客滚船

> 图142 “渤海晶珠”号内景

层车辆舱，可载大小车辆300余辆，车辆舱高度4.85米。它创下了当时亚洲客滚船吨位、载客数量和载车数量的新纪录。

“渤海晶珠”号的客舱位于第7层、第8层、第9层3层甲板，结合了邮轮的部分特点，客舱均有落地窗观光阳台，并按等级分为6个豪华家庭套房、11个一等舱、116个二等舱。在豪华家庭套房中设计有客厅，可很好地满足一家四口的出行需求。

船上的各种大型公共场所集旅行、休闲、娱乐、购物于一体。旅客可以选择去KTV包厢欢唱，也可以去海上影院观看热门影片，或与三五好友去棋牌室玩耍。船上观海餐厅准备了精美大餐，乘客还可以去大观光甲板边欣赏美丽的海景、边享受美食。乘坐渤海“珠”字系列客滚船的旅途成为一种享受。

“渤海玛珠”号是渤海轮渡公司渤海“珠”字系列的第10艘大型豪华客滚船，也刷新了亚洲最大、最豪华客滚船纪录。

> 图143 “渤海晶珠”号打开艏门

“渤海玛珠”号的船舶动力系统、通道系统、通信导航系统等重要设施设备全部采用国际知名品牌。船舶稳性和船体强度符合无限航区的风力标准，抗风能力堪称渤海湾船舶之首。全船设置水喷淋、水雾和二氧化碳等多种灭火装置，加强了消防能力。新增的电子海图导航，进一步确保了船舶航行安全。安全救援方面，船上配备保安警报系统、应急疏散系统、4套滑道撤离装置、直升机停靠设施、航行数据记录仪（黑匣子）等先进设施设备。

我国东海地区客滚船代表

我国东海地区陆岛和海岛间航线较多，短程航线较多。客船可作为飞机运力的积极补充。

海峡使者——“中远之星”号客滚船

航行于东南沿海与台湾之间的“中远之星”号客滚船，长186米，宽25.5米，26 847总吨位，旅客定员683名，航速22.85节。

> 图144 东海地区客运港口

与渤海湾和琼州海峡不同，台湾海峡常年风大浪急，海浪呈东西走向，波长较长，船舶航行起来摇晃剧烈。为此，设计人员进行了大量的计算和分析，最终将船舶总长确定为180米，这主要是考虑到台湾海峡海浪的波长较长，180米的长度可使船舶在海浪中跨浪航行，避免在波峰波谷间上下起伏，从而大大减轻船舶的颠簸程度。另外，设计人员为该型船专门配置了一对减摇鳍，当船舶在航行中遭遇巨大风浪时，这对减摇鳍可像飞机翅膀一样从两舷伸出，减小船舶的横摇度，使船舶在8级大风的海况下正常航行。

船上共有8层甲板，旅客层位于第6层和第7层，第8层为公共空间；第1层、第2层、第3层为汽车层，可供150辆汽车停放（未来政策允许时，可运送两岸私家车）；第4层、第5层为集装箱甲板，可容纳256个标准集装箱，其中85个为冷藏集装箱。船上有中餐厅、商场、咖啡厅、

> 图146 “中远之星”号客滚船（二）

> 图145 “中远之星”号客滚船（一）

KTV、桑拿、棋牌室等各类娱乐设施。

“中远之星”号承载两岸游客、宗教团体、民间艺术、学术交流团体等往来，已发展成为两岸经济及文化往来的重要桥梁，优质、高效地服务于两岸民众往来及经贸交流。

目前船上运送的车辆主要为大陆地区滚装运输至台湾的贸易车辆，如大巴车、工程车等。利用船上的集装箱货位，电子产品、日用品及生鲜果蔬等食品可以每周不断地往来两岸之间，互通有无。“中远之星”号海运快件服务高速、快捷而准点，为两岸电商的飞速发展提供有力保障。

我国南海区域客滚船代表

南海区域的三沙市下辖200万平方千米海域面积，占全国海洋面积的2/3，是我国整体面积最大、陆地面积最小的市。三沙市位于“海上丝绸之路”要冲，肩负着“维权、维稳、保护、开发”的特殊而重要的使命。

随着南海地区经济的发展，海岛居民的运输需求越来越大、要求越来越高，不但需要人员、车辆与普通货物往来，还需要将陆地的新鲜蔬菜、鲜活农副产品快速运进岛内，并将岛内鲜活的海产品快速运

> 图147 南海风光

> 图148 “长乐公主”号客滚船

往陆地，解决这个问题的最好方法就是水陆联运，客滚船为此提供了可能。湛江—海口航道是这一地区比较成熟的客滚船航线，也是陆地到海南省的主要通道之一。福建、海南和广东地区海上航线上的客滚船，近年来也开始向豪华型发展。

“公主”驾到——西沙游轮

2017年，“长乐公主”号滚装游轮建成，投入西沙旅游航线。这条航线上最初运营着“椰香公主”号，随后又投入“北部湾之星”号。

“长乐公主”号长129米，宽22.5米，1.4万总吨位，最大载客量537人，属于中小型客滚船。它采用双机、双桨推进，在水深大于40米的平静海区航速不低于16节。船上配套设施比国内同类型船更舒适，有娱乐室、阅览室、超市、咖啡馆、酒吧、舞台、茶艺馆等，非常适合自驾车的家庭进行海岛观光旅行。

南海地区的第一条商业旅游线路——“南海之梦”号客滚船

2016年底，由原“青山岛”号客滚船改造而成的“南海之梦”号客滚船投入运营。“南海之梦”号船长167.5米，船宽25.2米，最大吃水6.1米，24 572总吨位，航速18.5节。它最多可载客893人，船上服务团队人员100多名。另可搭载数百台各类型的客车与货车。

“南海之梦”号上共有10层甲板，分为餐饮、购物、娱乐、保障四大功能区。船上配套设施齐全，配备自助洗衣区、公共淋浴区/冲洗区、公共卫生间等生活设

> 图149 “南海之梦”号客滚船（一）

施。经过舒适性升级后，新增星空剧场、影院、露天烧烤吧、健身中心、阳光休闲区、书吧、超市、棋牌室、医疗室等。

在安全方面，除了配备足够的救生设施外，船上还有类似飞机垂直滑道，人员通过滑道可直接撤离到海上。顶层甲板的直升机悬停平台可供旅客搜救使用。救生设备可满足包括乘客与船员在内的所有船上成员在1小时内全部撤离。

此外，船上设有防海盗系统，并通过无线网络通信技术，在陆岸与船舶之间建立起高速传输链路，结合岸船监控系统，可实现船舶动态实时监控。

> 图150 “南海之梦”号客滚船（二）

图151 “南海之梦”号上的直升机平台

我国出口客滚船代表作“威斯比”号与“威斯堡”号

客滚船是欧洲与日韩船厂的传统优势船型，我国从21世纪开始尝试进入这一领域。2003年中国第一艘1 600米车道高速客滚船“威斯比”号在广州广船国际股份有限公司建造完成，这艘船是当时世界范围内技术水平非常先进的，也是当时我国建造的价格最高的出口船。它的建成填补了当时中国造船业在客滚船建造史上的空白，曾被称为“中国客滚第一船”。

10多年后，这型船的升级版“威斯堡”号等再续佳话，这两批客滚船都服务于波罗的海地区。

图152 “威斯比”号客滚船

我国客滚第一船“威斯比”号问世

这艘名为“威斯比”（VISBY）号的客滚船是我国为瑞典格特兰（GOTLAND）

航运公司承建的2艘同类型船舶中的第一艘，同批建造还有“格特兰”号。“威斯比”号客滚船共有11层甲板，其中第2层和第5层为汽车甲板，可容纳400辆小汽车。全船共设有客房112间，可容纳1 500人，酒吧、餐厅、儿童娱乐室等场所也一应俱全。

该船为双机、双桨、双高效舵，设高效艏侧推、减摇鳍及防横倾系统，入级英国劳氏船级社。

“威斯比”号上设有3扇独立工作、互不干扰的艉门，使得汽车上下船效率很高。2扇较小的艉门分别设在左、右舷侧，通往主甲板（第3甲板）与上层汽车甲板（第5甲板）间相连的固定跳板。跳板长22米，宽4.2米。通过这两扇门，汽车可以直接开到上层汽车甲板。中部较大的艉门长15.4米，宽11米，通往主甲板。艏门是折叠式的，分为两部分，利用铰链连接，打开时可收到一旁。其他出入口还有舷门、领航员门和乘客门。

全船共有18个水密舱，其中任何两相邻舱破损，船只仍可正常航行。在安全方面，船上配有卫星电话系统、寻呼系统和海上应急撤离系统、直升机升降平台等设施。海上撤离系统包括4艘大型救生艇，每艘可乘坐150人；还有7艘每艘可乘坐100人的小船。一旦出现危险，“威斯比”号就会像飞机一样，将两侧逃生滑道自动打开，保证船上任何位置乘客都可在60分钟内撤离。

在建造“威斯比”号客滚船的过程中，首先面临的困难是28.5节的航速要求。一般这种长200米左右的船舶，航速多在16～22节。打造这两型先进客滚船的广船国际，也是第一次建造这么高速的民用船。为了达到航速要求，选用了4台大功率主机，高效螺旋桨提高推进动力与效率；并通过船体水下型线的优化设计减小阻力；还大量采用6毫米以下的高强度钢板，严格控制空船重量。

其次是作为豪华型客滚船，室内装修也是难题。这两型船要求除了安装质量，还要讲究美学效果，甚至连地毯的切

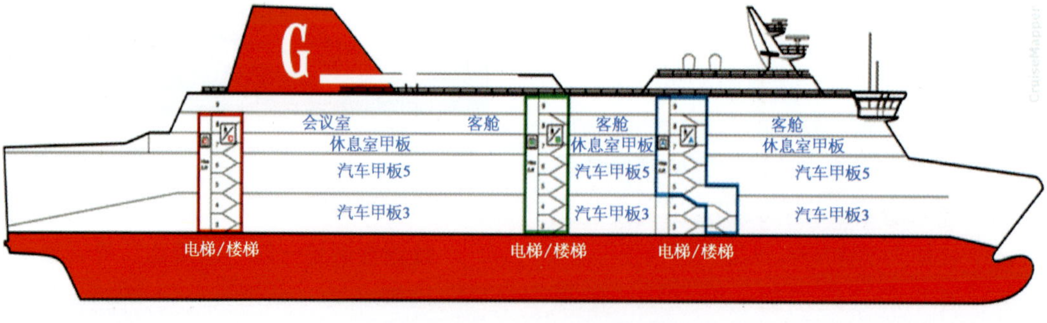

> 图153 “威斯比”号客滚船甲板布置图

> 图154　“威斯堡”号上建造空间狭窄

割方式都有专门的规定。有的天花板铺好不合格，只能拆除再铺，常常需要重复若干遍。

10多年后“威斯堡”号再续佳话

2015年广船国际再次携手“老东家”格特兰航运公司，在“威斯比”号客滚船基础上优化升级，打造了新一型高端豪华客滚船“威斯堡”号（VISBORG）。这艘豪华客滚船的小车车道扩展到2 310米。

“威斯堡”号采用天然气／燃油双燃料主机，配备可调距螺旋桨推进，是我国首艘天然气双燃料客滚船。以天然气为燃料时，船舶废气排放几乎为零，绿色环保

> 图155　“威斯堡”号客滚船下水

> 图156 “威斯堡”号与“威斯比”号一样，有3扇艉门

水平很高。在船舶建造中，解决了安全返港、全船振动、船舶重量重心控制等造船领域前沿难题。安全返港设计为前后两个可完全独立运作的机舱，一个出问题，另外一个仍可正常运行。这种设计增加了安全可靠性，同时也大大增加了设计施工难度。

通过艏门、舷门和艉部固定式坡道，满载状态的乘客人与车辆在50分钟内即可完成上船和下船。船上共配有3台乘客电梯和1台货梯，在车库和居住区之间还有4个宽敞的梯道相连，乘客去往船上各处都方便快捷。

全船共有总统套房、高级客房和船员房间近200间，另有航空椅1 598张，宽敞舒适。第10层甲板设计为露天甲板，乘客在这里可以欣赏美丽的海景、享受白天的太阳与夜晚的星空，还可以举办聚会或者烧烤活动。

广船人回忆起10多年前为“客滚第一船”奋斗那段艰辛的岁月，感慨道：“经过建造1 600米车道客滚船，开阔了眼界，特别是在遇到巨大困难的时候，广船人那种不服输的精神值得每一个年轻人去传承。”当年建造的“威斯比”号客滚船被称为广船年轻人搏击大海的“鹰的摇篮”。在这型船的设计、建造、管理过程中，一大批青年员工经受了锻炼并迅速成长起来，走上公司重要的技术岗位与管理岗位，这也是广船国际建造这型高技术难度、高建造水平船舶的另一重要收获。

国外的客滚船明星

从全球范围来看，欧美与日本的客滚船市场较发达。这一方面因这些地区海岸线漫长、岛屿众多，与人们的出行方式有关，另一方面也与欧美等国客滚船技术发达有关。

波罗的海、北海、地中海地区，以及日本列岛之间和美国沿海地区是全球渡船与客滚船最为发达地区。除了交通，这些渡船航线还为岛屿社区运送大量生活物资。

斯堪的纳维亚半岛周边的波罗的海上有大型客滚船航行。这些船就像游轮，有多家餐馆、夜总会、酒吧、商店和娱乐设施，同时又可以在汽车甲板上运载数百辆

> 图157 欧洲客滚船

汽车。波罗的海周边国家国内航线上也有许多小型渡船。

英国、爱尔兰与欧洲大陆之间有许多渡船与客滚船航线。航行于这些水域的船舶往往采用冰级设计，即使冬季气候恶劣，也可不受季节影响，保证全年均可运营，达到更好的经济性。

地中海地区，迪拜拥有世界上最大的渡船（含客滚船）系统。在土耳其伊斯坦布尔，连接欧亚的博斯普鲁斯海峡渡船系统也非常庞大。

此外，国外较大的渡轮系统还有加拿大乔治亚海峡航线。

豪华型客滚船“Color Fantasy”号

2001年建成的“Color Fantasy”号豪华型客滚船，75 000总吨位，长223米，宽35米，高21.9米，最大航速22节，一举创下了当时客滚船吨位新纪录。

“Color Fantasy”号的车道长1 270米，可容纳750辆小轿车。主登船通道和车库位于船艏（第3层甲板）。汽车甲板安装有铰链，可停放卡车、拖车和轿车等车辆。第2层甲板的主机舱前还有一个车库为容

> 图158 “Color Fantasy”号豪华型客滚船

纳卡车而设计。私家车专用车库设于5甲板，距离旅客甲板很近。夏季旅游高峰时，各种车辆需要互相调剂，尽量充分利用停放空间。

“Color Fantasy”号最大的创新是将客滚船中融入大量豪华邮轮的元素。船上设有1 021间客房，可乘坐2 750名乘客，船上服务人员250名。船上设有多达15家餐厅和俱乐部，以及一个可容纳850名观众、面积1 600多平方米的会议中心。大型公共区域在第6、7层甲板及第12层甲板。主楼梯沿船长方向将船上空间划分为3部分。从主登船甲板到最高处的阳光甲板之间设有电梯与楼梯。

船上120米长的宽阔大道两旁，商店与饭店鳞次栉比。连通公共区域的室内步道，一些向内朝向的舱室设有窗户，可望见船上的许多游戏设施。在船上历时2天的行程中，乘客还可以尽享水疗健身中心。

“Color Fantasy”号是客滚船向豪华型方向发展的一个典型代表，有评价指出“与其说它是一艘豪华型的客滚船，倒不如说它是一艘能够装运汽车的豪华邮轮”。

世界上最大的客滚船“鹿特丹之傲”号

“鹿特丹之傲”号航行于英国与荷兰之间航线。船全长215.1米，型宽31.5米，吃水6.05米，59 928总吨位，满载载重量10 350吨，车道总长度3 345米，营运航速22节，最高航速可达32节。

船上设施分布于12层甲板。公共场所和服务中心位于第8层、第9层甲板中央。第8层设有各种风格的服务区、购物

> 图159 “Color Fantasy”号上华美的大道

> 图160 “鹿特丹之傲”号客滚船（一）

区、儿童活动区、酒吧，餐厅在船艉。船上还设有娱乐设施、电影院和一座双层演出厅。第9层甲板上有一个设施齐全的商务中心、餐厅，以及为货运司机准备的酒吧与餐馆。第8层与第9层甲板通过设于两舷的楼梯通道及主梯塔来连接。

全船设有546个客舱，总计1 376个床位。乘客客舱位于第8层、第9层甲板前部、第7层甲板尾部及第10层甲板上。在第12层甲板的烟囱附近是一个多功能露天休闲区，也是船上唯一的公共活动区，阳光甲板由柚木铺设。

货车通过船艉的艉门坡道上下船。艉门坡道长12.5米，宽18米，主车辆甲板十

> 图161 “鹿特丹之傲”号客滚船（二）

分平坦，有利于拖车行驶与停放。车辆上船后沿一侧行驶，在船艏调头，从另一侧驶下船。为加快车辆装卸速度，小汽车甲板在舷侧设置了独立出入口，与主货车出入口分流。小汽车甲板高2.7米，能容纳250辆小型车辆。

第3层甲板车道长1 483米、宽3.1米、净高7米。第5层甲板车道长1 560米，拖车甲板靠近可升降斜坡，坡道长58米、宽3.4米、净高4.8米。

贯彻国防要求的客滚船

客滚船适用范围广、装载效率高、对码头靠泊条件要求低，不需要专用的连接设备，可在沿海许多港口使用。这些优点使客滚船不仅在民用领域大显身手，还适合军事用途，比如它可作为部队人员、设备的运输工具，又可作临时兵营。

首次“参军”的小吨位客滚船“和航兴龙”号

“和航兴龙”号是一艘2 200总吨位的小型客滚船，总长60米，型宽14米，载重量460吨。这艘船的稳性符合远海航区要求，船体结构强度符合近海航区要求。第1层为车辆甲板，第2层为旅客甲板，可承载兵力、承运载重装备以及集装箱拖挂车。

“和航兴龙”号在建造中贯彻了国防要求：为适应运送重载军用车辆，增强了艏艉跳板结构强度，并加固车辆甲板系固设施；为提高战场通信导航能力和指挥效率，增设北斗卫星导航系统及军事指挥场所，并为军用通信设备设置接口；还增加了淡水存储与运输设施。

“和航兴龙”号是我国“小吨位”客滚船，与大型客滚船形成梯次搭配、功能互补，能较好解决沿海岛屿地区的重型军用装备运输任务，以及驻岛屿部队的用水问题。它的建成体现了我国运用现代运载工具开展军事运输、加强交通战备设施建设的整体能力。

中国首艘军民通用大型客货滚装船“渤海翠珠”号

前文介绍过的渤海“珠”字系列大型

客滚船中，有数艘设计为军民通用客滚船。2012年7月，这一系列中的“渤海翠珠”号首航成功，它也成为我国第一艘万吨位的军民通用客货滚装船。它能容纳直升机直接起落，平时用于民事海上交通运输，战时可以装载坦克、装甲车等重型军用装备。

“渤海翠珠”号完善了船上通信指挥系统，增加装载能力，增设直升机起降平台，为战时医疗救护预留了场所，以确保在战争关键时刻能够及时、有效地投入军用。

“渤海翠珠”号配备了先进的设施设备，包括船舶动力系统、通道系统、车辆系固装置、通信导航系统、保安警报系统、应急疏散系统、直升机停靠设施、黑匣子（航行数据记录仪）等。这艘船上的垂直式海上快速撤离系统，由4套滑道撤离装置组成，保证一旦有突发情况发生，包括乘客和船员在内的1 300多人，可以在30分钟内从船上安全撤离。

在首航前，“渤海翠珠”号装载数十辆装甲车、运输车、火炮等重型装备，进行了一次装载演练。演练过程中，1名

> 图162 “渤海翠珠”号客滚船

> 图163　坦克驶下客滚船

工程师和2名战士仅用了2分钟就将一辆装甲车固定在甲板上，速度之快让人惊叹，他们说：“如果要将同样一辆车固定在火车上，可比在这条船上要费时、费力多了。”

“渤海翠珠”号之后的“珠”字系列客滚船，成为军民通用型客滚船。随着这些客滚船投入使用，不仅提升了渤海湾的滚装客货运输能力，也提升了我国军队海上战略投送能力。

中铁渤海1号
ZHONG TIE BO HAI 1 HAO
烟台
YAN TAI
中铁渤海1号
ZHONG TIE BO HAI 1 HAO
烟台
YAN TAI

第5章 火车渡船

火车渡船是专门用于火车轮渡的渡船，可装载铁路车辆航行于江河、海峡或岛屿之间。有了火车渡船，火车就可以和汽车一样，乘船过海（江）了。

> 图164　火车驶出火车渡船

火车渡船简史

铁路轮渡最早出现在19世纪中叶的英国。至今一个半世纪时间内，世界许多国家发展了这一运输方式。

早期的铁路轮渡是作为“浮动桥梁”解决江河、内海两岸短途渡船运输需求。随着航运需求发展，沿河（海）岸线或跨海的长距离“水（海）上铁路”开始出现。不少海岸线长、沿海水域辽阔的国家，积极利用“海上铁路”轮渡，开展跨海、跨国的国际联运。随着火车渡船所运输的货物向大型、重载、多功能、现代化方向发展，火车渡船也扩展到能同时运送汽车、拖车、集装箱和旅客，实现混合运输。

我国的火车渡船运输线

我国最早的铁路轮渡是1933年建起的长江铁路轮渡——南京铁路轮渡，连接起津浦铁路和沪宁铁路；后来又修建了连接京汉和粤汉铁路的武汉铁路轮渡。这些轮渡都是英国人设计的。

1959年，江南造船厂建造了“江苏”号和“金陵”号2艘火车渡船，长126.55米，宽17.2米，载重量2 978吨，能装载50节客车车厢。随着长江上的多座大桥通车，长江上的铁路渡船纷纷退出历史舞台。目前只有2002年开通的江阴铁路轮

> 图165 蒸汽机时代的火车渡船

> 图166 长江铁路渡船

渡，该铁路线为货运铁路，没有旅客列车通行。

除了内河铁路轮渡，我国在琼州海峡和渤海湾上还有两条海上铁路轮渡，即粤海铁路轮渡和烟（台）大（连）铁路轮渡。现在，我国也是世界上少数同时拥有内河和跨海铁路轮渡的国家之一。

2003年，我国第一条跨海铁路轮渡——粤海铁路轮渡正式通航，从雷州半岛渡过琼州海峡至海南岛。“粤海铁1”号火车渡船及后续船在这条航线上营运。

2006年11月，烟大铁路轮渡投入运营，“中铁渤海1”号及后续火车渡船投入运营。这条轮渡线纵贯渤海海湾，连接起我国铁路网“八纵八横”之一的东部沿海铁路大通道。

> 图167 粤海铁路轮渡码头

国外火车渡船运输线

全世界很多地方有火车渡船航线，西欧沿海地区有跨英吉利海峡的英国至法国航线；波罗的海地区有瑞典至德国、波兰和芬兰航线，芬兰至德国航线，跨斯卡格拉克海峡的挪威至丹麦航线；北海地区的英国至比利时航线；跨苏必利尔湖和太平洋的美国至加拿大航线，以及连接日本4个大岛的航线等。

到20世纪末，全世界通航运营的铁路轮渡线有70多条，其中江河、湖泊区域的航线近20条，跨海轮渡线50多条，跨国航线约占35%。在太平洋海域，从美国西海岸到阿拉斯加州的铁路轮渡线，是世界上最长的铁路轮渡运输线，全程近2 600千米。欧洲最长的火车轮渡航线是德国特拉夫蒙德到芬兰汉科港的轮渡，长1 000千米。

> 图168　欧洲火车渡船（一）

> 图169　欧洲火车渡船（二）

火车渡船的战功

一战期间，火车渡船被广泛用于军事

> 图170　一战期间的火车渡船

后勤运输服务。从1918年2月10日起，大批铁路机车车辆、火炮和前线用品从英国南部的里奇伯勒“秘密港口”运到法国。当时建造了3艘火车渡船，每艘渡船主甲板上各有4套铁路线，最多可以让54节铁路货车同时在渡口上下分流。这些火车渡船也可以用来运输机动车辆和铁路机车车辆。到1918年底，这些火车渡船的运输总量接近26万吨。分析发现，当时通过传统的手段向前线运输1 000吨战争物资需要使用1 500名劳动者，而使用火车轮渡，仅需约100名劳动者。在战争中节省人力是至关重要的，因为随着大量工人奔赴前线作战，战备物资运输严重缺乏劳动力。

在解放战争中，火车渡船也曾立下赫赫战功。1949年4月23日南京解放过程

> 图171　浦口火车轮渡旧址

中，解放军某军从北向南渡过长江便是由南京火车轮渡“浦口号”承担运输士兵与物资渡过长江的任务。它一次运送的人马超过一个团，同时还能运送大炮、坦克等辎重装备等。从清晨到中午，“浦口号”渡船一次又一次往返运输。经过半天时间，全部人马便从江北浦口乘船渡过了长江、开进了南京城。

火车渡船初探

火车渡船的专门设计

火车渡船的车辆甲板呈长方形，上面铺有运载火车车厢的轨道，船艏设有鸡心桩，船艉设有车挡和车钩。渡船的船艏和船艉均装有推进器，主推进器安装在船艏，船艉的推进器除用来协助渡船航行外，还可为渡船驶离或停靠栈桥时启动或减速提升操纵效果。

> 图172　渡船上的火车车库

> 图173 开放式火车车库

航行于江河的火车渡船的甲板一般是全开放式的。有的火车渡船做成双头，即船的艏艉形状相同，且都装有螺旋桨和舵。列车可以从两端进出，航行时不需要调头，这样靠离码头快，操纵灵活。

航行于海峡或海洋岛屿之间的火车渡船，因航行环境的风浪等情况严重，为达到较好的适航性和耐波性，车厢舱设计为密闭式结构，车厢从船艉进出。

在铁路轮渡线两岸须设置轮渡站、引线、栈桥、靠船设备等建筑物和设备。轮渡站主要由车辆编发场和待渡场组成。列车在编发场进行车厢分组拆解或组装，并

> 图174 封闭式火车车库

在待渡场等待取送。引线是连接轮渡站和栈桥的铁路线。

火车如何开上船

为了让火车能驶上船，火车渡船上需铺设铁轨，再通过“升降引桥”和栈桥与岸上的铁路线连接起来。由于码头的高度是固定不变的，船甲板的高度却会由于水位、风浪而变化，所以需要一个稍微能活动的桥接物，那就是栈桥。

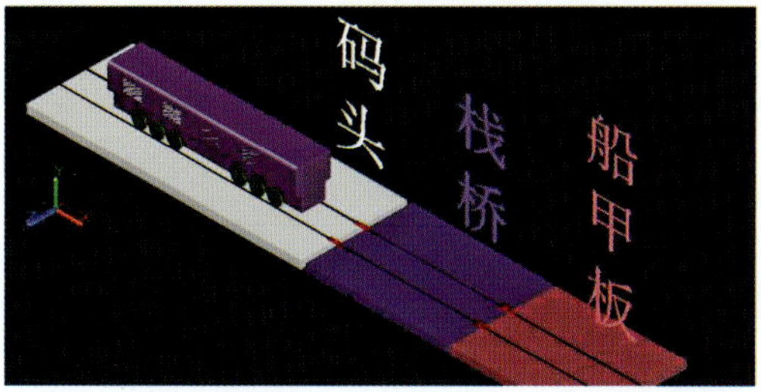

图175 码头、栈桥与渡船甲板示意图

“升降引桥”一端与栈桥的轨道采用铰链方式连接，具有一定的活动度；另一端与渡船的轨道相接，可随着水位高低升降。

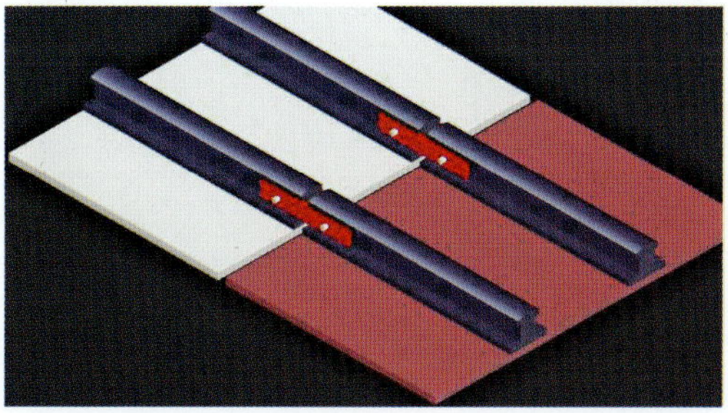

图176 铁轨连接细部，红色部分可以稍稍活动

火车车厢在上船前需根据渡船车厢舱布置，先分解成若干组，分解后的车组通过机车分别牵引上船。运送到位后，车厢被锁链等固定装置固定在船上，这是防止在渡船航行过程中出现晃动而造成列车移动或侧翻。

图177 火车车厢固定装置

火车下船时，首先由两台机车分别将两组的车厢拖下船，过了陆地上的道岔后

小贴士

适航性

适航性是指船舶适应航行的能力。适航性需要通过船舶设计、制造和管理等环节，保证船舶具有适合航行的基本性能和适宜配置。影响适航性的因素主要有船舶稳性、航速、操纵性及耐波性等。

折返到船上去拖送另外两组车厢。到了陆上，四组车厢两两连接，再由一台调机将两段连接在一起，整个编组工作就完成了。

铁路轮渡运输的优点

铁路轮渡充分利用天然水系，集中铁路、水运、集成化等运输方式为一体，具有不间断运输的优点。

铁路轮渡设施的建设，相对于铁路水（海）底隧道或大桥建设周期短、投资省，能很快形成运输能力。当然，对于运量特别大的跨水（海）线路，桥梁与隧道在运输效率上优势更大。

铁路轮渡运输航线，一般选取跨越江河湖海的最短路径，相比陆上绕行，大大缩短了运输距离，提高了运输效率。

火车渡船载运的铁路车辆在船上直接驶上、驶下，货物不需进行换装，节省了装卸作业的环节与支出，又减少货物装卸过程中可能产生的损失。

> 图178　编组上下火车渡船的火车车厢

我国第一条跨海火车渡船

粤海铁系列船

海南岛上的自然资源和旅游资源十分丰富，却因四面环海的地理位置造成交通闭塞，也成为长期以来制约海南经济发展的“瓶颈”。在粤海跨海铁路开通之前，海南岛与内地之间一直没有一条安全、便捷、廉价和大运量的交通线。100多年前，清末大臣张之洞首次提出“筑铁路至海南腹地”的梦想，“粤海铁1号”火车渡船的建成使这一梦想终于成为现实！

> 图179 “粤海铁1”号火车渡船

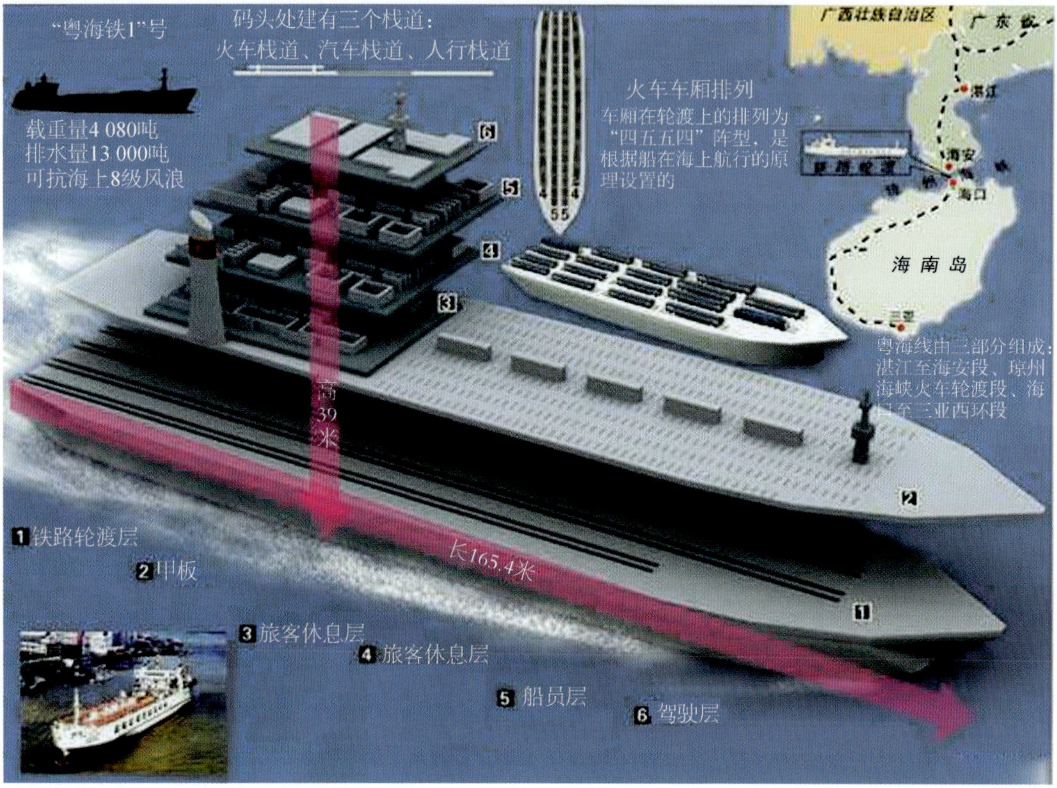

> 图180 "粤海铁1"号构造示意图

这也是我国开通的第一条跨海火车轮渡线，它从雷州半岛南端的海安港至海南岛的海口市，全长12.5海里，年设计货运能力为1 000万吨。它的开通标志着粤海跨海大通道正式开通，填补了中国造船史上制造跨海火车轮渡的空白，结束了海南与外省市无法通行火车的历史。

粤海跨海火车轮渡线所使用的"粤海铁1"号火车渡船，是中国第一艘自行设计建造的跨海火车渡船，能同时装载火车、汽车和旅客，达到国际一流技术水平。

"粤海铁1"号概况

"粤海铁1"号渡船总吨位为13 400吨，载重量5 600吨，全长165.4米，宽22.6米，航速14.8节，单程航行时间约50分钟。

船上分层装载旅客、汽车和火车：主甲板为火车甲板，上甲板为汽车甲板，渡船后半部的甲板室设置旅客舱室。渡船的列车甲板为纵通式甲板，共建有4股铁路

图181　“粤海铁4”号内部

轨道，与栈桥轨道形成四对四模式。每股轨道长约145米，可装载每节长14米的货物列车40节，或装载每节长26.5米的旅客列车18节。船上铁轨采用嵌入式，不需枕木，必要时也可运送汽车车辆。汽车甲板可装载汽车56辆。

甲板舱室共有4层，可载旅客1 360人。第1层、第2层是旅客乘坐的4个大客舱，第3层是船员室，第4层是驾驶室。旅客客舱设置有舒适的座椅，宽敞的空间，开阔的视野，设施一应俱全。火车行驶海上期间，旅客既可在客舱里休息，也可前往甲板观光区域欣赏海景。

人、车、货兼运的多功能船

针对海南航线上包括散客运输、汽车运输及特殊物品运输在内的多种运输需

图182　汽车运载甲板

求，“粤海铁1”号不仅设计了旅客列车、货物列车运输甲板，还专门设计了汽车运载甲板与散客运输甲板。

列车从船艉进出，汽车在上甲板舷侧艏艉出入口通过汽车栈桥横向进出，旅客通过人行栈桥横向进出。火车、汽车、旅客登离渡船时完全分流、互不干扰，既确保安全，又提高运输效率。

抗风性能高

粤海铁路是全中国铁路网络的一环，所以必须做到正点运营，这就要求渡船能够在恶劣的天气下保证通航。因琼州海峡海况一年之中8级以上风力的日子平均不超过1周，该航线的其他渡船平均抗风能力不超过6级，而“粤海铁1”号的设计标准确保渡船能够在8级风以下平稳运行，可以说是出类拔萃。

为了在航行中，尤其是台风多发季节保持渡船的稳性，防止车厢脱轨，抗震、抗摇成了渡船设计的关键因素之一。“粤海铁1”号安装有双柴油机主推进装置、可调距螺旋桨、双舵、双艏侧推、单艉侧推等设备。航行时依靠柴油机主机提供动力，靠码头时切换到侧推动力，可以平移

> 图183 “粤海铁1”号艉部

> 图184 船舱内的火车甲板

靠岸、直线后退。这既有利于平稳运行，又节约了能源。

“粤海铁1”号安装有抗横倾和减摇系统，协助船舶安全航行和靠泊。如果在航行中遇风浪发生摇晃，船上的U型减摇水舱可自动调节水位使船舱中的水慢慢地流向另一方，不会造成过度摇摆。船上的纵倾调整系统，是为保证在不同潮位和不同装载情况下，渡船艉部与陆上栈桥之间的铁轨都能够正常连接，它通过确保船体吃水线坡度小于3度，达到基本水平，从而使列车能够安全上下渡船。

“粤海铁1”号上的车厢排列为“四五五四”阵型。渡船上的轨道全部为钢轨且制成方形，所用钢板要比陆上轨道厚1倍以上。船舱设有180个垂直杆，火车上了渡船之后，只要起动垂直杆中的充气装置，就可通过气体的弹性来保持车厢的平稳。每个垂直杆可承受200千牛的重力。为了确保火车车厢在海上运行时不发生位移，渡船为火车、汽车设计了多种绑扎装置。

自动化程度高

“粤海铁1”号火车渡船在设计中采用

了多项我国国内首次使用的船舶技术，体现出很高的先进性。

船艏和船艉分别有4个显示器，在火车头牵引车厢上下渡船过程中，可推测出火车头和车厢之间的距离，并显示火车头该用多大力量牵引各节车厢，才能使各车厢之间互不相撞。这些操作过程通过电脑操作可自动完成。

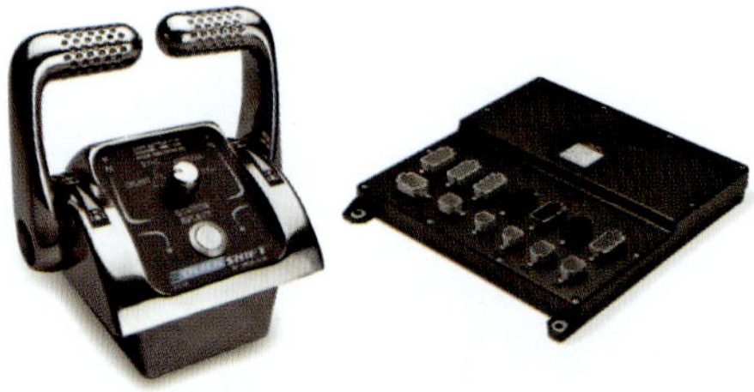

> 图185 单手柄操纵系统

船上第一次使用“单手柄操纵系统”调整航向，利用计算机自动配置力量，将2台主机、2台舵机、3台侧推装置的力合成为一个手柄，驾驶员确定航向后就可自动航行。没有这种设备的船只要向某一个方向航行，最少要使用7个以上的手柄配合操作。

安全性好

“粤海铁1”号火车渡船作为中国第一艘跨海火车轮渡，它的安全性有着示范作用。前述良好的抗风浪性能和自动化设计，已为渡船安全性打下坚实基础，此外还有其他许多安全措施。

> 图186 该系列火车渡船“粤海铁3”号

船的两翼分别有一个驾驶室，如果主驾驶室出现故障，两翼任何一个驾驶室都可以承担主驾驶室的功能。

船上有先进的救生撤离装置，包括喷淋等救火装置、防爆电气线路设计，以及特有的水幕隔离装置。一旦发生火灾，灾区可与逃生区、驾驶区隔离，确保船上乘客能够安全撤离。

“粤海铁1”号配置雷达和垂直撤离装置等设备，驾驶舱内还装有1台监视电视机和1台用于放大画面的电视机。火车甲板船舱顶部安置了照明设备，一旦遇到有运输危险品的火车，就启用另外一套黄色的防爆照明系统。船上还备有救生装置和安全撤离通道等，船上1 300多名旅客可在30分钟内安全离开现场。

> 图187　水幕隔离装置

我国最长的跨海铁路轮渡用船

烟大火车轮渡渡船

2008年9月20日，烟大铁路轮渡客滚运输开通，它的海上运输距离为102海里，是我国最长的跨海铁路轮渡。

> 图188　“中铁渤海1”号火车渡船

烟大黄金水道

在烟大铁路轮渡开通之前，从大连到烟台的火车运输必须从山海关绕道而行。轮渡开通后，火车可以“搭乘”渡船，从大连由海上直达烟台，进入山东半岛的铁路网。铁路轮渡线路开辟了东北至山东及东部沿海地区铁路运输的最短路径，使烟台到大连铁路运输距离缩短1 600多千米，行程减少近20个小时，建成了山东半岛与辽东半岛的新通道，并辐射东部沿海。

再创国内火车渡船多项技术之最

烟大铁路轮渡所用渡船为“中铁渤海”号系列，它们是可运载列车、汽车、旅客的多功能滚装渡船，服务航速为18节，抗风浪能力为8级。

“中铁渤海1”号渡船火车位14米×150节；上甲板为汽车甲板，汽车车辆进出采用侧进侧出；船上设有舒适的客舱舱位，座位300个。船上的休闲娱乐场所有中餐厅、快餐厅、观景厅、电影院、超市、会议室、多功能厅等。

> 图189　火车甲板上的铁轨

“中铁渤海1”号渡船在我国客滚船中首次采用综合全电力推进系统——吊舱式电力推进系统，属于第三代电力推进系统，在世界火车滚装渡船中也处于领先。

超级火车舱

“中铁渤海1”号的火车舱高5.2米，宽24.8米，满载时50节80吨重的列车排着队，依次“站立”在各自的轨道上，场面壮观。

火车舱为每节车厢设置有4个牵引控制点与4个固定控制点，确保货车被牢牢“钉在”铁轨上。铁轨从船艏直通船艉，轨道末端有挡板，确保火车不会前后移动。船舱内设有1堵2.1米厚的隔墙，将5条铁轨间隔为右二左三的形式，减少了火车在船内左右晃动的机会。

一对五的滑动道岔

“中铁渤海1”号的主甲板为铁路甲板，布置了5股轨道，每条容车数10节，铁路车辆装卸采用从船艉进出的方式。在面积有限的铁路栈桥桥面上，将50节列车分拆成五组运输到船舱中，离不开一对五滑动道岔这个“关键角色”。

不同于陆地上铁路信号扳道岔的方式，火车渡船通过液压技术结合电脑控制，使得桥面滑动平移来改变火车线路，实现一对五的滑动道岔功能。道岔变动后，铁轨之间严丝合缝，误差间隙仅为1毫米，使火车能够顺利通行。

> 图190 滑动道岔

渡船安全

烟大铁路轮渡港区分设有火车、汽车、旅客栈桥，火车、汽车、旅客实现安全分流；在国内客滚船港口中首次采用航空标准的全封闭廊桥，使得旅客在任何天气条件下均可安全、舒适、快捷上下渡船。

“中铁渤海1”号火车渡船上采取了“十大安全措施”，主要有：在我国的客滚船中，首次满足“两舱不沉”破舱稳性要求，首次采用计算机自动控制的纵倾调整系统；在完整稳性、破舱稳性、车辆系固和消防、救生等方面采用国际通行标准；

> 图191 乘客登船通道

渡船在操纵上能灵活前进、后退、横向平移，并在原地360度回转；遇到大风浪时，船上安装的减摇鳍可将摇摆幅度控制在安全范围内。

> 图192 “中铁渤海2”号火车渡船

中铁渤海2号
ZHONG TIE BO HAI 2 HAO

第6章 小型高速客船

早在20世纪60年代，因传统客船速度较低，不能满足客运需要，开始出现速度很高的短程客船。这些高速船的航速从18海里/小时，逐渐发展到27海里/小时左右。小型高速客船通过较轻的船体和较大的主机功率来获得高航速，而且设施配置简单，自动化程度高。在民用方面主要用于内河和沿海短途客运、游览和救生等。

更轻、更快、更炫的小型高速客船

小型高速船一般航程较短，在高速航行状态下，某些高速船船体部分或全部脱离水面，与常规排水量型船相比，各种性能上均有显著差异，也被称作高性能船舶。

高航速

航速高是小型高速船的首要特点。小型高速船的航行状态有效减小了水的阻力，尤其是兴波阻力，从而能够达到很高的航行速度。

一般高性能船舶的航速可以达到常规型船的若干倍。如水翼船和小水线面双体船的航速常常达40～60节，气垫船的航速可达40～80节，而地效翼船的航速甚至不逊于螺旋桨飞机的速度。

优良的耐波性

高性能船舶的第二个特点是耐波性能优良。某些小型高速船通过脱离水面，以及特殊的船体构造，大幅度减轻了由波浪造成的船体摇摆，从而能有效提高船舶的耐波性。

低能耗的经济性

高速船具有高航速，与相同吨位的常规型船舶相比，不仅航速高，而且能耗低，经济性良好。

低物理场辐射特征

低物理场辐射特征是小型高速船的又

> 图193　喷水推进装置

一个独特性能。这类船舶航行时船体部分或全部抬离水面，吃水较浅；它们基本都选用铝合金或复合型材料做外壳，并且采用喷水推进装置，所以水下噪声场辐射和磁辐射都较低。这种低物理场辐射性能够降低船舶受到水中武器攻击的可能性，增强船舶的防护性，在军用舰船方面有着重要的应用。

复杂的自动控制系统

高性能船舶的控制系统大多采用自动化、智能化设备来保证稳性、快速性、安全性和舒适性。如小水线面双体船，需要航行控制系统控制减摇装置；气垫船的气垫系统也需要采用自动控制的方式。

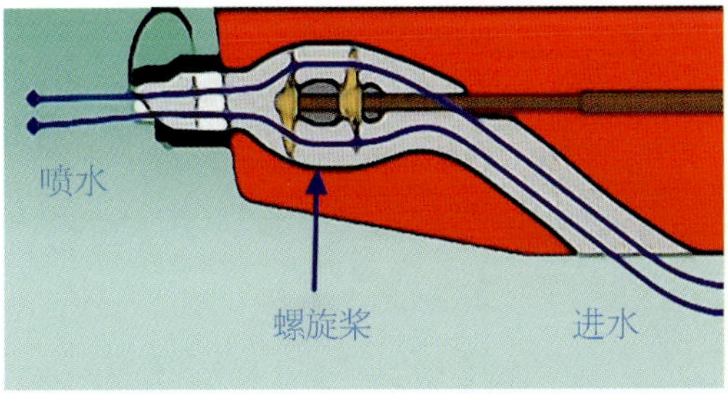

> 图194　喷水推进装置原理图

> 图195　“海琴”号高速客船

小贴士

喷水推进

利用喷射水流反作用力产生推力的原理，装在船上的水泵或其他设备将水向后喷出，利用其反作用力推船前进。喷水推进装置是一种特种动力装置，不同于常见的螺旋桨推进，它通过推进水泵叶轮把水吸进隧道，再加高压喷出水流产生反作用力以获得推力。它利用操纵舵与倒舵设备分配和改变喷流的方向来实现航向控制。喷水推进装置在滑行艇、穿浪艇、水翼艇和气垫船等中、高速船舶上应用较多。

小型高速船揭秘

小型高速船是指时速不小于25海里的海船，或不小于35千米的内河船。这类船除了有常规排水型船舶，还有各式各样的非水浮力支持船舶。

常规的排水型船都是遵循阿基米德定律的浮力支承型船，通过水线面的变化来保证稳性，主要利用发动机驱动螺旋桨产生推力来实现运动，并依靠发动机的转速变化、正车倒车来控制船体运动（前进或倒退），靠舵来控制航向。

> 图196　高速客船

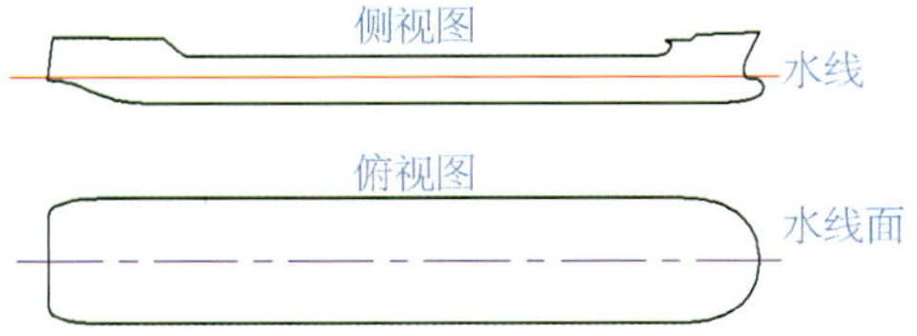

> 图197　船体水线面示意图

水为船舶提供浮力，却也为船舶前进带来阻力。在一定范围内，兴波阻力按航行速度3次方或以上比例增大，形成一座阻力高峰，很难跨越。船在海上航行时，受波浪力的影响，船体总是会产生横摇和纵摇。常规排水型船舶几乎将主机功率开发到极限，并采取了各种减低船体摇晃的措施，航速和耐波性的改善仍然难以完全让人满意。

为了克服排水型船的缺点，小型高速船出现了。它们采用多种特殊船型和特别的航行状态，比如有稳性特别优越的双体船与多体船，有大大减少波浪阻力的穿浪型双体船、小水线面双体船等。

为更彻底摆脱水的阻力，人们设计出了动力增升型船，它以独特的线型将水动力转化为升力，使船身部分或全部抬出水面，阻力极大降低，从而达到了很高的航速。首先出现的这种类型的船是滑行艇，它提高了航行速度，缺点是船体容易受波浪的冲击力，即耐波性较差，不适合在大风浪中航行。后来，更完善的动力增升型船产生了，主要有水翼船与地效翼船等。

为了从多种途径减小船体阻力并提高航海性能，人们还将多种高速船设计概念组合，形成复合型高性能船。

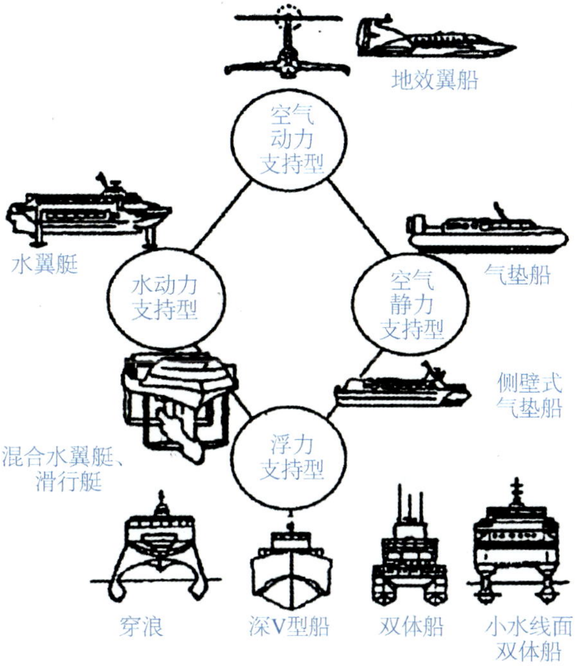

> 图198　高速船类型

小贴士

水　线　面

水线面是指水平面和水中的物体如船体的截交面。比如将一个郁金香形状葡萄酒杯慢慢浸入水中，当杯底接触水面，水线面是一个环绕杯底大小的圆；当继续深入，杯底沉入深水区，杯柱开始没入水中，水线面就是一个环绕杯柱较小的圆面；再向下，杯体进入水面，水线面又成为一个超过杯底面，并越来越大的圆面。

按照船体被抬离水面的方式，高速船可分为浮力支持型、水动力支持型、空气静力支持型、空气动力支持型和复合型等。

按照船体构造分类，小型高速船可分为单体船、水翼艇、气垫船、双体船、小水线面双体船、穿浪型双体船，以及其他复合的船型。

按照航行状态可分为水面、半潜、腾空和掠海。其中水面型有深V型船、双体船、滑行艇；半潜型有小水线面双体船；腾空型有水翼艇、气垫船、侧壁式气垫船；掠海型有地效翼船。

水翼艇与气垫船

水翼艇

水翼艇是一种水动力支持型船。

水翼艇的水翼设计为薄片，设置在船体下方。当船开始运动时，水流经过水翼，水翼上表面的压力与下表面的压力差异形成上举升力。船行越快，则升力越

> 图199 水翼艇（一）

大，直到把船体完全抬离水面。此时，水的阻力消除，船速大大提高，行驶也更为平稳。

水翼艇最早由法国人发明，在二战时期得到重要改进。水翼艇航速较高，全浸式水翼艇因船身颠簸较小，而且在高速航行时兴波较少，对周围环境影响较小，适合作为沿海和内河客船。

20世纪50年代，意大利大量制造了水翼艇。

1968年，美国建造出了当时世界上最大的水翼艇，航速40节。

苏联建造出的水翼艇可载客300人，航速也达40节。

在英吉利海峡航线，水翼渡船与穿行海峡隧道的欧洲之星列车有一定竞争。

我国在20世纪60年代研制出第一艘长江水翼客艇。1984年又建造出“飞鱼”

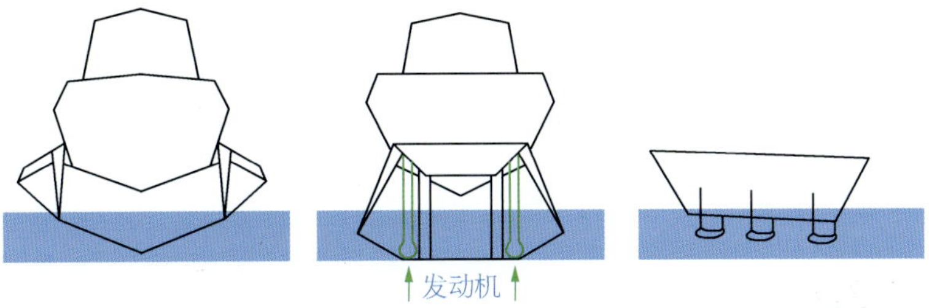

> 图200 水翼艇示意图

> 图201 水翼艇（二）

号水翼客艇，载客22人，航速57.5千米/小时。世纪之交又为喷射飞航航运公司建造了全浸式自控水翼船——“北星”号与“南星”号，目前仍在港澳水域运营。由于大型化方面有局限等因素，水翼艇推广应用受到一定限制。

气垫船

气垫船利用风机鼓风至船体下面，在船底形成气垫层，使船体悬浮于水面或地面上，从而大大减少阻力而提高航速。

气垫船是在20世纪60年代开始出现的，除了客运，在工程和军事等方面也有许多用途。由于气垫船可以利用自身操控抬离水面，在客运方面适合在沿海、内河、河口，特别是短距离、波浪汹涌、水流湍急的区域使用，还适合在冰面上

> 图202 高速气垫客船

> 图203 “鸿翔”号侧壁式气垫船

使用。

气垫船有全垫升式气垫船与侧壁式气垫船之分。前者在船底四周安装了柔性“围裙”，采用空气螺旋桨推进。这种气垫船的特点是从水上可以直接登陆，为水陆两用。后者将船体两舷侧做成刚性侧壁插入水中，艏艉用柔性材料做成气封以保持气垫。侧壁式气垫船稳性好，易于大型化建造，但船体不能全部抬离水面，故只能在水中航行，不能上岸。后来侧壁式气垫船发展成为双体气垫船。

气垫船在民用领域逐渐被双体船所取代，因两者速度接近，而双体船受海洋和天气条件的影响较小。现在，广东沿海地区航线仍有气垫客船运营。有关气垫船的内容可详见本丛书《气垫船》分册。

高速双体船、多体船

双体船将两个分离的水下船体上部用加强构架连接成一个整体，两个船体内各设一部主机和推进器，常用作中小型客船和渡船。

> 图204　双体船

双体船的优点

推进效率高

双体船的两个船体线型瘦长，兴起的波浪阻力小，而且双体船采用双螺旋桨推进，两个螺旋桨相距远，互相之间的干扰小，提高了推进效率，因此同样大小的双体船和单体船相比，消耗的功率更小。

操纵灵活性好

两套推进装置还大大提高了双体船的

操纵灵活性，比如在回转时，一个螺旋桨正转，另一个倒转，可形成较大的扭转力矩，方便船舶停靠码头或在狭窄的水道中航行。

更大的甲板面积和舱容

与同样吨位的单体船相比，双体船具有更大的容积与甲板面积，既能容纳更多的游客，又能提供更宽敞的旅游观光服务场所，游客能够从更多角度领略大自然的风光美景。

最初的双体船出现，是由于人们发现将两艘船横向连接在一起，可以大大改善船在风浪中的稳性，不容易翻船。双体船良好的稳性，让它可根据设计需要，建成更为优美、流畅、充满新意的造型。

20世纪60年代后海上高速客运迅速发展，高速双体船成为近几十年来发展最快、建造数量最多、应用最广的一种高速船，并已大型化发展。我国在1984年建造出了首艘双体客船“瑞昌”号，长98米，宽26米，排水量4 300吨，载客1 500人，舱室分为7层。

小水线面双体船

小水线面双体船的构造是将上层建筑

> 图205 我国第一艘双体客船“瑞昌”号

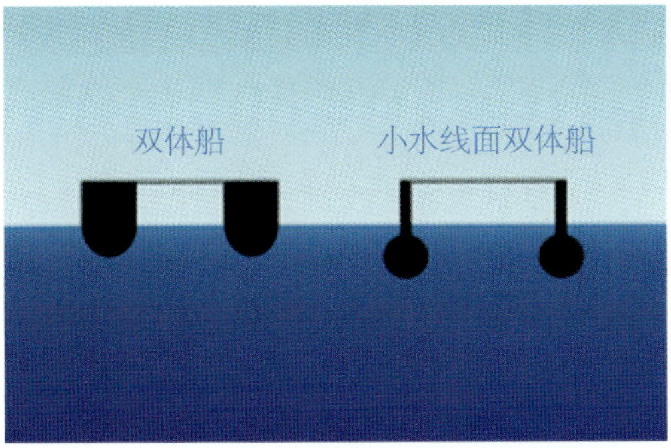

> 图206　双体船与小水线面双体船对比

与两个潜没水中的浮体用小截面支柱支撑连接，使船体能够较高地抬离海面；同时减小船舶水线面，以降低船体受到的波浪扰动，改善航行性能并提高航速。

小水线面双体船稳性良好、甲板面积大、水下辐射噪声易控制。自20世纪70年代起，小水线面双体船在民用客渡领域开始应用。日本建成第一艘这种船，命名为“海鸥”号，载客446名，航速26.5节，用于陆岛之间的客渡服务。随后小水线面双体船在军民领域都得到了广泛发展，在欧美、日本地区应用较多。

1989年建造的“纳瓦台客1”号，是世界上首艘获准商业性海洋客运的小水线面双体船。英国和爱尔兰之间的Stena HSS级小水线面双体船曾是世界上最大的双体船，它们排水量为19 638吨，可容纳375辆乘用车和1 500名乘客，采用喷水推进动力。

2011年运营的“苏西特纳”号是世界上第一艘具有破冰能力的小水线面双体船。

> 图207　小水线面双体船

穿浪型双体船

穿浪型双体船是综合了双体船、深V型船、小水线面船等船舶类型的优点发展形成的高性能船舶。

穿浪型双体船由浮体、支柱和中央船体三部分组成。水下的两侧片体采用深V型，相比一般双体船片体更为细长；中央船体为V型艏。在静水和风浪较小时，中央船体腾空离水，有些类似水翼艇。当风浪较大、纵摇严重时，两侧船体在波峰、波谷中作穿浪运动，中央船体艏部入水，从而提供复原浮力，使船艏昂起以保持良好的航行姿态，有些类似小水线面双体船。

穿浪型双体船在高速航行时兴波阻力小，所需功率小，且在风浪中纵摇性能良好。船体升沉较小，应对摇摆和波浪碰击（波浪对船体的剧烈冲击）均有良好效果。同时甲板宽敞，有利于舱室布置。

1985年，澳大利亚最先开发穿浪型双体船的船型。

1998年，我国自行研制的第一艘穿浪型双体船“飞鹰湖”号投入舟山群岛航线营运，载客180人，航速27节。

> 图208 穿浪型双体船

多体船

多体船为水下有3个或更多片体的船，三体船较多见。三体船由3个船体组成：主船体主尺度较大，排水体积约占全船的90%，设于中部；两侧各设一个辅助船体，对称布置。

三体船除了拥有双体船的一般优点外，在中高速时的阻力性能优于单体船和双体船。主要缺点是结构复杂，重量较大，设计建造等环节以及对使用设施的要求较高。三体船最初成功应用于小型赛艇，后来被军方较多应用。2005年世界上第一艘民用大型三体渡船“Benchijigua”号问世，由于其良好的适航性，从未因恶劣天气而取消航次。

> 图209　三体船

> 图210　三体艇

双/多体船家族的“明星”们

“海峡”号穿浪型高速双体船

穿浪型高速双体船“海峡”号是航行在台湾海峡上的高速客滚船。2011年11月30日，它从福建平潭首航台中，整个航程只需不到3小时，自此也开通了闽台间海上运输第二通道。

“海峡”号总长97.22米，最大排水量1 800吨，航速42节，船体为全铝合金材质，采用喷水推进。船舱内的装载甲板分为4层，第1层、第2层为汽车甲板，可装载小汽车260辆；第3层、第4层甲板分别为旅客层和驾驶舱，可容纳旅客780名。客舱从VIP舱到经济舱分为5个不同等级。

> 图211 “海峡”号穿浪型高速双体船

> 图212　“海峡”号同型高速船

刷新世界客船航速新纪录的“弗朗西斯科”号穿浪型双体客船

2013年，阿根廷的“弗朗西斯科”号穿浪型双体客船建成，服务于阿根廷首都到乌拉圭首都之间的国际轮渡。它是世界上首艘以天然气为主要燃料的双燃料高速船，环保而高效。

“弗朗西斯科”号长99米，排水量达到1 516吨，可以同时搭载1 000名乘客和150辆汽车。船体外观酷炫，有些类似科幻小说中的宇宙飞船。这艘船由两个修长的铝质船体结合中央桥身组合而成，每个船体配置了一台与波音747飞机所用发动机相同的43 365千瓦燃气涡轮机，用来驱

> 图213　“弗朗西斯科”号穿浪型双体客船

动2个喷水推进器。

“弗朗西斯科”号空载时的最高航速可以达到58.1节，几乎达到高速公路上的汽车时速，此前只有小型快艇能达到这种速度。

为了乘客在跨国旅途中不会无所事事，船上专门设置了一个免税商店。尽管船体内部构造中大量的豪华设计使得船身重量显著增加，但设计师还是通过采用高效海洋级铝材等方式尽量为船体减重。

亚洲第一艘碳纤维高速双体客船“金珠湖”号

2017年初，亚洲第一艘碳纤维高速双体客船“金珠湖”号正式投入粤港航线，航行于珠三角各港口至香港、澳门的客运航线上。“金珠湖”号由广东新船重工与德国船厂合作建造，是我国成功建造的首艘碳纤维高速客船，也是亚洲首艘碳纤维高速客船。

“金珠湖”号总长40.8米，型宽10.8米，乘客270人，499总吨位，满载航速达到34.6节。从外部看，船体大气、身形流畅。性能方面，穿浪性优越、船的摇摆角度小、航行时船身姿态轻盈。“金珠湖”号采用双机、双喷水泵推进，客舱噪声及振动较小，隔音性好。内部设施方面，船上通道宽敞，座椅豪华，全部座位配备了USB接口，全船采用欧洲先进真空马桶，充分做到了人性化，可给乘客带来舒适非凡、安全快捷的乘坐体验。

> 图214 “金珠湖”号高速客船

> 图215　“金珠湖”号同型“镁珠湖”号内部

“金珠湖”号采用的碳纤维复合材料是一种新型非金属材料，这种材料具有强度高、弹性好、耐疲劳、耐高温、耐腐蚀、耐磨损、抗震等一系列优异性能。碳纤维客船是一种先进的造船理念，这种船的船体隔热性好，降低空调能耗。相比同样尺寸的铝合金船，碳纤维船船体重量和油耗均减少30% ～ 40%，航速提高10%，且排放降低、安全性能大大提升，既节能环保，又维修方便，延长了使用寿命。

“金珠湖”号高速客船也是国内第一艘完全按照《2000年国际高速船安全规则》建造的双体高速客船。它采用的双底设计与复合材料的船体结构相当于有了双层船壳，大大提高了船体安全性能；无缝隙的船壳生产工艺，可防止海水渗漏进船体。“金珠湖”号很好地满足了粤港澳地区水上客运市场需求，适合推广应用。

世界第一艘三体高速渡船

2005年，西班牙订造的“Benchijigua”

> 图216　“镁珠湖”号与“海琴”号

> 图217 “Benchijigua”号高速渡船

号三体船，是世界上第一艘大型三体车客渡船。它载重500吨，船长126.7米，宽30.4米，船体高8.2米，吃水4米，载重量1 000吨，航速40.4节。船体由铝合金制成，并涂有防水膜。

“Benchijigua”号配置了4台发动机，布置在中央船体的两个独立机舱内。渡船有2个艉部发动机，每一个都由喷水推进器驱动。

“Benchijigua”号可容纳1 291名乘客。船上车道长450米，可容纳123辆卡车或341辆小汽车。汽车舱车辆最高不超过4.6米，中央车道可承重15吨，舷外车道承重12吨，船艏跳板承重1吨，中间甲板承重0.8吨。车

> 图218 “Benchijigua”号的乘客通道

辆上下船的周转时间约为30分钟。

当重型车辆驶上甲板时，可能导致车辆甲板横倾。为此，船上设有一个压载水系统和横倾控制系统，压载水系统用于增加横向稳性。相比同尺度双体船，“Benchijigua”号从整体上提高载客量、载重量和车道长度1/3。同时在该营运线路上将乘客舒适度提升了25% ～ 40%。

水上“飞船”

地效翼船

地效翼船是利用地面效应原理建造的船，可以在水上低空飞行或贴近水面航行，是一种介于飞机和船舶之间的高性能船型。地效翼船是世界上航速最快的船舶，理论上甚至可以达到550千米/小时，也被称为“会飞的船”。

不同于飞机需要专门的跑道，地效翼船所需快速起飞的水域面积仅为400平方

> 图219 地效翼船

米，而且即使在沼泽、冰雪区、滩涂等区域也能够自如起降、航行。在较差的海况条件下，地效翼船能够以较低的成本完成人员和物资运输等任务。它既可以用作短途客运和水上旅游，也适用公务执法、搜索救援等领域。在我国东海和南海等许多较小的岛屿，无法设置机场，可选择地效翼船作为交通工具。以三沙市各岛礁与大陆间的客货运输为例，若采用地效翼船，原来乘船数天的行程可缩短到一两个小时。

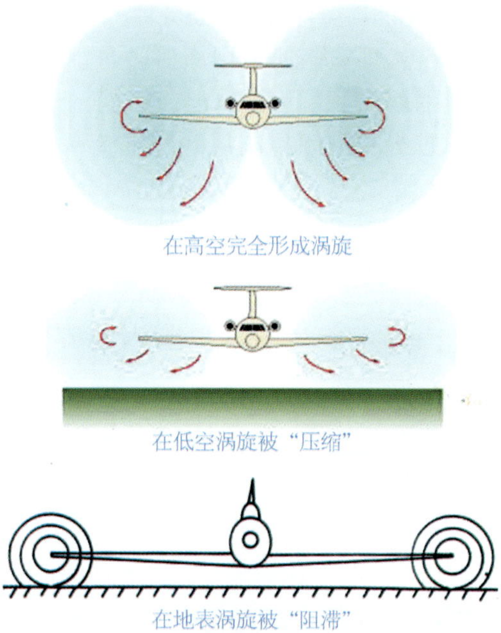

> 图220　地效翼原理简图

地效翼船的原理与分类

地效翼船由船体和机翼构成，前者提供浮力，后者要求有一定展弦比，在贴近水面运动时，能够产生表面效应。地效翼船有多种形式，主要可分为动力增升型、动力气垫型和空气动力型。

动力增升型地效翼船

动力增升型地效翼船又称气翼艇，通过在机翼前端设置导管螺旋桨或涡轮风扇，向机翼下方吹入高压空气，辅助机翼在低速下也能获得足够的升力，使起飞航速大大下降，同时改善了其他性能。

这种类型地效翼船利用航行时的地效升力起飞离水，起飞方式类似于飞机。在开始起飞时一般都是漂浮在水面上，处于排水状态。随着航速的增加，逐渐向滑行状态过渡，进而达到飞行状态。它可短时爬升到地效区外飞行，不受波浪影响，具有很高的适航性。起飞时所需功率较大，运转效率较低。

> 图221　气翼艇

动力气垫型气垫船

动力气垫型气垫船又称冲翼艇，它把地效翼技术和气垫技术结合起来，在前置导管桨的基础上增加了气垫系统，使船具有强大的静力气垫性能；或者依靠前置发动机的偏转尾流向翼下封闭区喷流形成动力气垫。

船在低速悬停时利用静力气垫腾空，起飞方式类似气垫船，在高速航行时利用动力气垫或地效翼功能。

> 图222　冲翼艇

冲翼艇采用大弦长、小展弦比船翼，船翼两侧加设浮体，船翼随边设有襟翼。前置式空气导管螺旋桨将压缩空气送入由船翼、浮体与襟翼组成的动力气垫腔，形成动力气垫，实现静垫升，因此具有两栖性。冲翼艇的运载效率比气翼艇高，起降性能和两栖性能较好，但不能越出地效区，只能贴近水面航行，因此机动性、耐波性较差，安全性较低，不太适合在近海等风浪较大的水域航行。

我国地效翼船的研发简况

目前世界上俄罗斯、德国、瑞士和美国等十几个国家都掌握了地效翼船设计技术，俄罗斯是唯一实现地效翼船大型军用化的国家。我国的地效翼船研究始于20世纪60年代末，半个多世纪以来开展了大量理论研究、模型动力风洞试验及水池拖曳试验、遥控自航模型试验等基础性工作。我国研制出的小型地效翼船有信天翁系列、天翼系列、

小贴士

表（地）面效应

表（地）面效应是指航行器在起飞和着陆以及低高度飞行过程中，由于距离水面或地面较近，使得航行器与水面之间的空气被强烈阻滞，翼面下的气压增高，形成动态气垫，从而将航行器托离水面，并处于水面以上一定距离的空中。这种效应使航行器升力显著提高。

小贴士

展　弦　比

展弦比指机翼翼展和平均几何弦之比。展弦比越大，机翼的诱导阻力越低，获得的升力越大，在亚音速范围内飞行性能提高，而机动性降低；同时波阻增大，不利于超音速性能。

> 图223 “天使鸟”号气翼艇

天象系列、天鹅系列和天使鸟系列等。

20世纪80年代，我国成功研制出了两型载人地效翼船试验艇：“信天翁-1”号冲翼艇与750型双座气翼艇。1993年，中国船舶科学研究中心的“信天翁-2”号地效翼船试航成功，成为我国第一条真正实现海上起降、掠海航行的地效翼船。1998年，中国船舶科学中心的“信天翁-4”号全铝合金20座地效翼船和5座双体铝合金艇研制成功。

2000年底，中国地效飞行器开发中心研制出“天翼-1”小型地效翼船，并通过了中国船级社的入级检验。它的最大起飞重量4.8吨，最大平飞时速175千米。服务至今，累计航行600余次，载客500余人，运营状况良好，被国内外评价为“世界上第一艘投入运营的地效翼船”。

2014年4月，我国“翔州1”号地效翼船正式进入运营。它的总长12.7米，总

> 图224 水面上的“翔州1”号地效翼船

宽11米，最大起飞重量2.5吨，在海上飞行时最高爬升高度为150米。“翔州1”号是我国目前运行速度最快的地效翼船，可将从三亚到西沙永兴岛的航程从15小时缩短到1个多小时。

“翔州1”号地效翼船总体构造采用组合翼，由单发动机驱动推力桨为动力。船上可乘坐7名人员，人员舱室设为水密舱，驾驶布置为并排双驾驶。它起飞平稳而迅速，飞行稳定性好，在水面运动机动灵活，操控性能优异，即使在复杂水域也可保证安全航行。

> 图225 双体地效翼船

LIEBHERR

第7章 重回自然怀抱的客船

当客船航行在浩瀚海面上，面对开放的甲板、蔚蓝的海洋，以及健康、充满活力的氛围，让人们在与水亲密接触时，体验到一种与陆地世界截然不同的生活方式。有些客船还能载着人们去往其他交通工具难以到达的地方，去地球的某个角落探险，在神奇的大自然中大开眼界。

客船的发源，是人类为了更好地在自然水域中活动，选取天然材料、模仿自然现象，创造出各式各样的水上交通运输工具。随着技术革命的发展，客船设计建造吸取了工业技术的先进理念，始终注重经济效益和社会效益。如今，全球对于环境问题的重视前所未有，客船建造理念也将回归自然，寻求对能源和材料等船舶要素的最佳利用与循环发展。

> 图226　极地探险邮轮

以人为本，绿色先行

客船需要为乘客创造健康而舒适的乘坐环境，客船航线途经的地区有相当一部分位于城市附近，对污染排放规定严格。因此客船在各种船舶类型中，对于提高能效与降低污染的要求最为迫切，也往往是造船行业环保新技术最先应用的领域。

将液化天然气与电池作为客船能源已

> 图227 全电力客船“Norled”号

经有了许多成功案例。相对而言，液化天然气较适合大中型客船；而纯电力推进更适合于短途和小型客船，它振动小、噪声小、污染排放几乎为零。风能、太阳能、生物能等可再生能源技术有些已经开始初步尝试，而在未来客船的设计中还将会进一步体现出节能环保的优势。

全电力客船

2016年，2艘航行于丹麦西兰岛与瑞典西南沿海之间的海峡渡船，经过改造，成为全电力客船。这两艘渡船每年运载乘客达740万人次以及汽车190万辆。改造后，渡船的电力推进系统由电池、储能控制系统和船载直流电网组合而成，与柴油动力船舶相比，采用电池动力将船舶排放总量降低一半以上。

该渡船在约4千米的航线中完全依靠电池动力航行，每艘渡船的电池总容量达到8 320千瓦时，相当于10 700个车用电池的总量。在渡船航线两端码头的岸上自动化充电站中，还首次配备了用来提升充电效率的IRB7600工业机器人。

结合3D激光扫描和船岸无线通信技术，机器人在渡船到达距离岸边0.4米时便会自动从岸上充电站窗口伸出机械臂，将船上电缆拉入充电站，并接入充电接口。

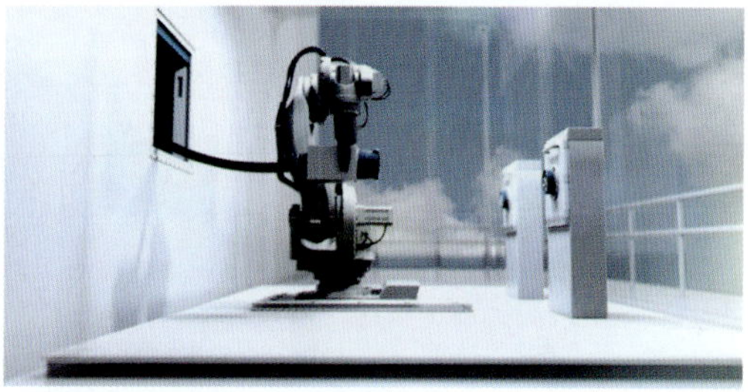

> 图229 应用于岸基供电系统的ABB机器人

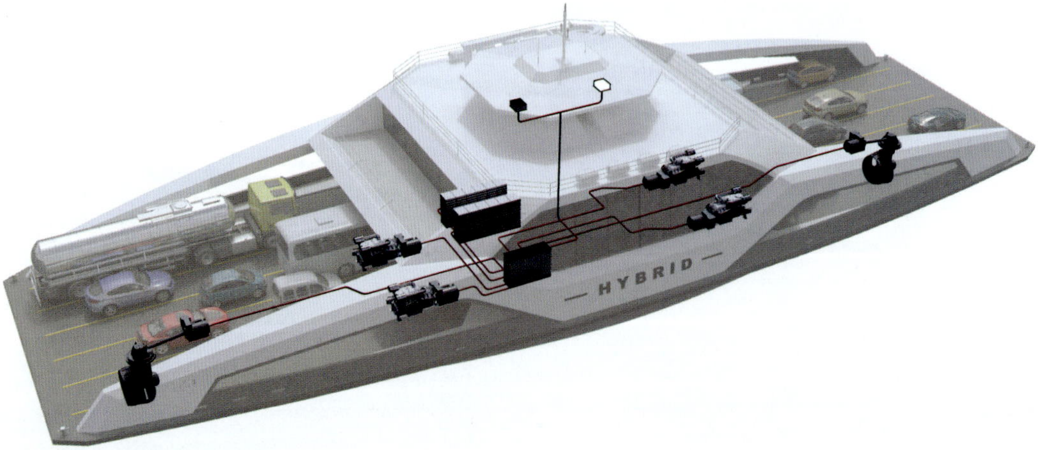

> 图228 全电力客船的动力系统

> 图230 “Color Hybrid”号客滚船

混合动力双燃料客滚船“Color Hybrid”号

“Color Hybrid” 号长160米，宽27.1米，吃水6米，可搭载2 000名乘客、500辆车，航速可达17节。

船上装有50千瓦电池，通过可充电设计，利用岸上的绿色充电桩或船上的发电机，1小时即可完成充电。一般的Color Line渡船需要3台辅机，若改用岸电，二氧化碳排放量可大大降低，氮氧化物、硫化物排放量降低，几乎达到零排放。振动与噪声情况也得到改善。

综合节能技术

在先进的客船设计理念中，根据不同应用场景，常常会采用综合节能技术，以期达到最优的节能效果。

带转筒风帆的液化天然气动力客滚船——“DeltaChallenger”号

2015年推出的客滚船“DeltaChallenger”

小贴士

岸　电

岸电是为适应船舶和岸边码头等使用环境而专门设计的大功率变频电源设备。岸电的效率和产生的污染情况相比船上发动机优越许多，增加岸电的使用范围成为船舶提高环保的重要措施之一。

> 图231 “DeltaChallenger”号客滚船

号，成为全球首艘安装旋筒风帆的客船。它为7 900载重吨，总长200米，型宽30.4米，吃水6米，能搭乘950名乘客和50名船员，设有267间乘客舱和32间船员舱，航速为18.5节。

“DeltaChallenger”号最多能装载950辆小汽车。其中拖车车道总计2 720米，布置在主甲板和上层甲板；下层甲板有104辆小汽车车道，以及可升降汽车甲板。考虑到滚装船的装卸效率是整体效率的重要影响因素，这艘船设计为两层底舱可以同时装卸，提高了装卸效率。

> 图232 俯视“DeltaChallenger”号

“DeltaChallenger”号上配备了双燃料电力推进装置，综合应用了燃油、液化天然气、电力和风力等能源。船上共有4套动力装置和Azipod D推进系统。GTT Mark Ⅲ膜液化天然气储罐容量为1 200立方米，天然气燃料装载流程与客运、货运流程各自独立，不会相互影响。特别值得一提的是，船上配备了6个Norsepower公司的旋筒风帆，能够产生的动力大约为总推进功率的10%。

设计人员还对船上的空调及通风系统进行了优化设计，采用热回收技术控制通风需求，除了确保乘客的舒适度外，也在一定程度上降低了油耗，达到整体节能的效果。

创造全球客船能效新纪录的“维京恩典”号豪华客滚船

运营在芬兰图尔库港、奥兰群岛和瑞典斯德哥尔摩航线上的“维京恩典”号豪华客滚船，通过采用环保的解决方案与创新的节能应用，创下全球客船能效新纪录。

这艘船为63 000总吨位，船长218米，

> 图233　“维京恩典”号豪华客滚船

> 图234　汽车上下“维京恩典”号

小贴士

旋筒风帆

旋筒风帆是利用马格纳斯效应获得推力的装置，可用于船舶推进。因为更小的风帆面积能够产生更大的升力，旋筒风帆比传统风帆的效率高10倍左右。这种装置操作简单，工作时不需要收放船帆或其他调整。在理想的风力及航速条件下，旋转风帆的应用使得船舶最多可以节省燃油达1/4。

有13层甲板，载客量达2 800人，同时还可装载大卡车、小汽车等各类车辆。这艘客滚船搭载液化天然气发动机，从图中可以看到船艉的2个白色液化气燃料罐。船上首次安装2套AzipodXO电力推进系统，这种推进装置拥有智能控制系统和先进的远程状态监控功能，能够优化船舶的操控性能与能源效率，提高其可维护性，并降低二氧化碳排放量。通过回收发动机的废热并转化为电能，以及利用海水冷却发动机和船上的空调与通风系统，进一步节省了能源消耗。

绿色客船“Ecoship”号

海上运输排放是温室气体主要来源之一，为了达到可持续的环境标准，一艘名为“Ecoship”的远洋班船，将先进能源技术融入大吨位实船建造。这艘船长250米，横梁长32米，吃水8米，60 000总吨位，760间客舱能够容纳1 900名乘客，巡航速度设计为17节，最高航速可达21节。

“Ecoship”号的外形灵感来自鲸鱼，既考虑了空气力学减阻，形态也十分顺滑优美。船上革命性的设计包括10个大型风帆状的可伸缩部件，可合理利用风能，同时还有总面积为6 000平方米的太阳能电池板。

> 图236　可伸缩的风帆

> 图235　“Ecoship”号客船

这种创新型的风帆输出功率为750千瓦。

船上配备混合动力发动机，既可以采用柴油或液化天然气作为燃料，还可以利用生物能源。此外，通过自循环的花园实现废水和固体废物降解，这些废弃物甚至还可以用来产生能源。船上将废水、雨水和海水进行再利用、净化，来浇灌船上的花园，最终实现废水与废弃物零排放。

这艘船将许多陆上建筑设计中最先进的理念移植到船舶设计上，力求最大限度地利用空气、光和水等自然元素，形成一个船上生态系统。与没有采用这些技术的船舶相比，“Ecoship”号能够节省高达20%的燃油消耗，并减少40%的碳排放，氮氧化物与硫化物排放为零。

“Ecoship”号计划每年途经80个港口，在这些港口进行绿色船舶技术应用的展示，同时船舶本身如同一个浮动实验室，在航行过程中不断收集各种数据，进行海洋、气候和生态技术等方面的研究。

海上营地

探险邮轮

随着邮轮旅游市场的发展，乘客对于邮轮产品的需求也呈现出不同层次，除了主流的“以船为目的地”的邮轮旅行，前往地球上人迹罕至、风景秀美地方的探险邮轮也成为邮轮的一个重要发展分支。如同陆上野营可以无限亲近自然，探险邮轮将营地开到海上。

带着集装箱的邮轮——“阿拉努伊5”号

2015年我国船厂为国外船东建造的“阿拉努伊5”号是一艘非常独特的邮轮。它一半是客船，一半是货船。这艘船航行于南太平洋的马库赛斯群岛航线，既能带领乘客去到豪华邮轮无法深入的南太平洋偏远海岛，进行独特的邮轮探险之旅，又能为那些交通不便的岛屿运送基本物资用品。

“阿拉努伊5”号挂法国旗，入级法国船级社。它的安全返港要求，可在不超过8蒲福风力的恶劣天气中以6节航速航行2 000海里。“阿拉努伊5”号总长126米，型宽22.2米，吃水5.2米，载重3 200吨，航速15节，可搭乘约400名乘客、装载171个标准集装箱，还可装载杂货、散货、

> 图237 “阿拉努伊5”号

托盘货物、柴油、淡水等。

“阿拉努伊5”号船身前半部分的甲板空间用于运输货物，配有货物装载和卸载系统。船身后半部分是乘客区域，共有10层甲板，其中8层乘客甲板，包括一层阳光甲板、一层阳台甲板、一层露天酒吧甲板、一层走廊甲板、船艇甲板和上层甲板，以及一层主甲板等。

船上设有大型高档自助餐厅、会议室、露天泳池、露天酒吧、舞厅、健身房

> 图238 “阿拉努伊5”号船艏是装着起重吊臂的货运区域

> 图239 “阿拉努伊5”号的内饰具有波利尼西亚人遗风

> 图240 “阿拉努伊5”号的餐厅

等设施。客房分为超级豪华套房、豪华套房、总统套房和标间等。房间装修豪华程度达到星级酒店级别。船上内部装饰风格体现出南太平洋地区波利尼西亚人的传统。

奇妙的探险邮轮

相比大型邮轮，探险邮轮要小得多，一般载客量在几百人，吃水较浅，使得它往往能够更便利、更深入地抵达一些其他交通工具难以到达的地点，乘客可有幸亲眼看见珍稀动物和其他景象。因为这些特殊的探险航线，探险游轮需要承受行程中一些极端恶劣的气候和海域情况，探险邮轮要足够坚固可靠。

探险邮轮的功能和设计虽各不相同，但都具有一些共同点，船舱宽敞舒适，窗户向外，视野开阔；设有豪华套房、高级餐厅、会议室与休息室；甲板很开阔，提供良好的观看飞鸟等自然景观的机会。

这些探险邮轮往往还会携有能够乘坐12～16人的气垫船，游客们可乘坐气垫船在偏远岛屿和浅水沙滩登岸，与这些地方的动物亲密接触。有些船上还配有因纽特人们单人划子、立式桨板和摩托小艇，为乘客提供多种选择。

探险邮轮上运用的高科技手段，让乘客身在船上，却犹如亲历现场。例如通过水下机器人，实时拍摄绚烂多姿的海底生态环境，并实时通过WIFI传送到船上乘客

小贴士

蒲　福

蒲福为衡量风强度的单位。根据风对不同物体的影响程度划分，最初为13个等级（0～12级），后来扩展到18个等级，扩展部分仅为建议级别。

> 图241 乘客乘坐小艇和筏子登岸

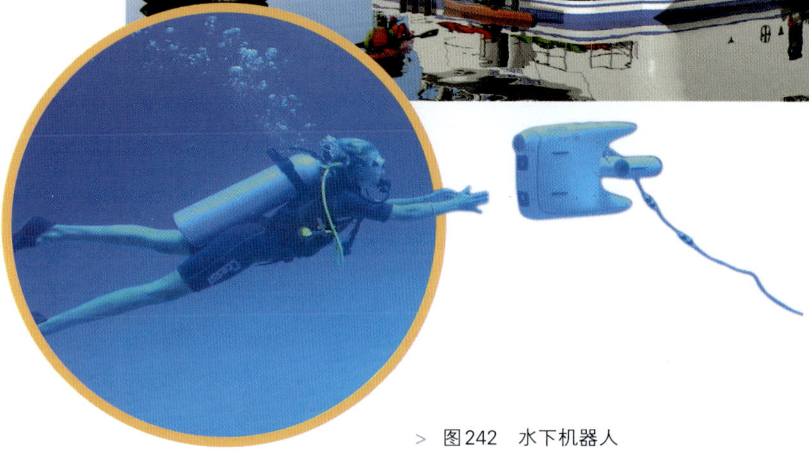

> 图242 水下机器人

的智能终端里，让乘客尽情观赏。

在“Ponant”号邮轮上，邮轮底部设有休闲观赏区，乘客可以透过左右两边的大屏幕舷窗，直接观赏到真实的海底世界。观赏区还配备了大型数字化屏幕，可以实时投影三台水下摄影机拍摄到的海底影像，让乘客随着邮轮前行，尽情观赏海洋中发生的一切。除了视觉盛宴，观赏区还安装有水下听诊器（hydrophone），让乘客可以聆听大海“心脏”的脉动。在海洋深处的一些海洋哺乳动物之间的交流，可被水下听诊器采集并放大，甚至远至5千米之外的鲸鱼跟海狮的声音都能够被探查到。

观赏区的沙发能感应人体姿态，随着水流声音的频率和谐摇晃，昏暗的蓝光照明、现代感的氛围设计让客人更加享受地投入到对海底世界的欣赏之中。这一设计受到法国作家儒勒·凡尔纳的《海底两万里》的启发，将科幻小说变为了现实。

既想身临其境，又担心安全问题的乘

> 图243 “Ponant”号邮轮的观赏区

> 图244 “水精灵”水下探测器

客可以选择水下探测器，它是一种气泡状的封闭舱，可以直接带乘客潜入水下。相比普通潜水员一般只能达到100多米潜水深度，它的下潜深度达1 000米，速度是3节。乘客身在探测器中悠然地坐着，不需任何潜水技巧，便可零距离地观赏封闭舱周围的海洋生物。乘客可以乘坐水下探测器，前往著名沉船旁边一睹水下奇观，比如位于水下3 800米深的泰坦尼克号残骸。

猎奇冰雪世界的极地邮轮

极地地区是探险邮轮常常会前往的引人入胜的目的地。极地探险邮轮在投入运营之前，需要遵循严格的极地船舶建造规范。极地厚厚的冰层要求对船体进行特别强化，以免造成安全隐患。在极地航行中，需要采用小型目标监测系统与冰区导航系统探测障碍物，探测当年冰层与多年冰层，以及影响安全航行的浮冰。探险邮轮有时还需要在前方安排一艘护航船开路。作为地球上生态环境极其脆弱的地区，极地对船舶排放的要求远高于其他地区。

极地邮轮等级

根据船舶登陆地区情况与船舶载客量，极地邮轮被分为4个等级。

而按船舶航区内海冰冰龄、冰层厚度、冰层强度不同，极地船级（冰级）大致分为7级。Ponant公司的“le Commandant Charcot”号是首艘PC2级探险邮轮，也是首艘采用液化天然气动力的探险邮轮。

> 图245　C1型探险邮轮“Ocean Nova”号

表3　极地邮轮等级

船型	载　客　量	南极地区登陆情况
YA	载客12人或以内游艇	允许安排南极登陆，登陆地点最灵活
C1	载客13～200人	允许安排南极登陆，可以选择的登陆地点较多
C2	载客201～500人	允许安排南极登陆，可以选择的登陆地点较少
CR	载客500人以上	不允许安排南极登陆

> 图246　C2型探险船“Ocean Diamond”号

> 图247　CR型探险邮轮“水晶宁静”号，可搭载980名乘客

表4 极地船舶分级

极地船级	冰况描述（基于世界气象组织海冰专用术语）
PC1	全年在所有极地水域
PC2	全年在中等厚度的多年冰龄状况下
PC3	全年在第二年冰龄状况下，可包括多年夹冰
PC4	全年在当年厚冰状况下，可包括旧夹冰
PC5	全年在中等厚度的当年冰龄状况下，可包括旧夹冰
PC6	夏季/秋季在中等厚度的当年冰龄状况下，可包括旧夹冰
PC7	夏季/秋季在当年薄冰状况下，可包括旧夹冰

> 图248 Ponant公司的“le Commandant Charcot”号探险邮轮

> 图249 “Greg Mortimer”效果图

我国首艘极地探险邮轮——“Greg Mortimer”号

“Greg Mortimer”号是我国建造的首艘极地探险邮轮。船长104.4米，宽8.2米，7 400吨，航速可达15节，设计用于探险巡航，具有最高的极地级别和破冰级别。

这艘船是全球首艘采用挪威Ulstein集团X-BOW船艏技术的探险邮轮。与传统船艏相比，利用X-BOW船艏的船舶受到海浪导致的纵向摇晃更小，因而能够更加稳定地保持航向和航速，在海浪中具有优良的稳性，这也使得所需的燃料更少，因而也能够节约能源。

作为首艘满足PC2级标准的探险邮轮，“Greg Mortimer”号也首次采用双向航行原则。船艏和船艉分别装有发动机，在环境条件好的水域中沿船艏方向航行；到了冰区，则可使用破冰能力达2.5米冰

> 图250 “Greg Mortimer”号下水

层的船艉向前航行。为减小阻力，船上还配有可移动助推器。船上也引入了电池动力系统，在极地探险中可能需要接近如北极熊等生物时，电力推进低噪声的特点体现出很大优势。

为了让乘客获得更舒适的体验，船上安装了过去仅在大型私人游艇上才有的“零速稳定器”，利用液压机械确保在船舶停靠时的平稳。船上的观景平台设计十分独特，是两个液压可折叠平台，为海洋生物和海鸟景观提供开阔的无障碍视野。船上有专供Zodiac皮划艇和其他活动设施停泊的平台。这些设计都能让乘客获得更贴近自然的体验。

船上为乘客提供了非常舒适的住宿环境，每间客舱房都设有私人洗浴设施、阳台和落地窗、180度室内观景休息室，以及健身房、桑拿房和SPA在内的众多健身

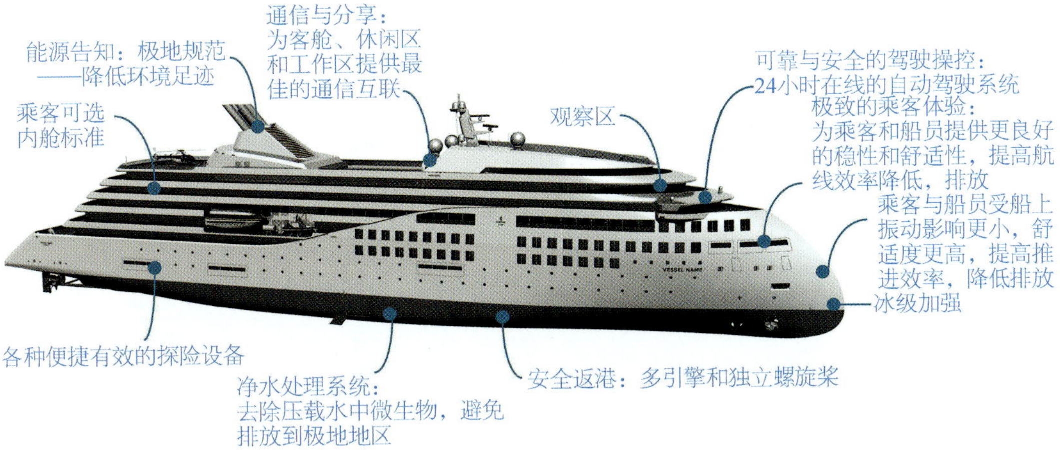

> 图251 “Greg Mortimer”号上的特别设计

设施。

海上“混合动力汽车”——“Roald Amundsen”号

在海达路德探险邮轮公司新建的“Roald Amundsen”号上应用了许多先进技术，实现了绿色节能，为乘客提供更好的探险体验。

“Roald Amundsen”号的动力系统为适应冰区航行要求，将集成永磁技术与混合动力技术。集成永磁电机被用在主推进器中，它能够提供非常高的效率，并减少推进器室所需的空间，非常适合具有冰级需求的船舶。

船上采用包括液化天然气、电池、液化沼气等能源的混合动力，实现全电力推进。这一设计分两个阶段实现。

第一阶段在船上安装680千瓦的电池，作为辅助动力，调节高峰用电。电池采用发电机充电，电力的灵活性特点使得船上机械动力大大优化，总体可以节省20%的能源。

第二阶段预留了5倍的电池扩展空间，总面积为50平方米。电池技术的日新月异，让公司计划待条件更成熟时，再引进更多的电池组作为动力，最终实现全电力推进。

液化沼气来自渔业、农业或林业中的有机废物，特别是渔业产生大量的有机原料。目前，考虑到技术与价格因素，液化沼气以10%～15%的比例与液化天然气混合使用。相比液化天然气，液化沼气的碳排放可降低60%。与电池发展趋势相似，今后随着技术进步，液化沼气的应用比例也会上升。不过，由于许多航线上缺少液化沼气加气设备，目前仅在挪威海峡地区应用这一燃料。

“Roald Amundsen”号使用先进的“蓝眼睛”水下机器人，这种机器人重量仅有约6.8千克，能防水，并且自带水流动力摄影机及4个推进器、平衡稳定器，非常适用于水下环境，即便遇上强流也不怕。

> 图252 “Roald Amundsen”号

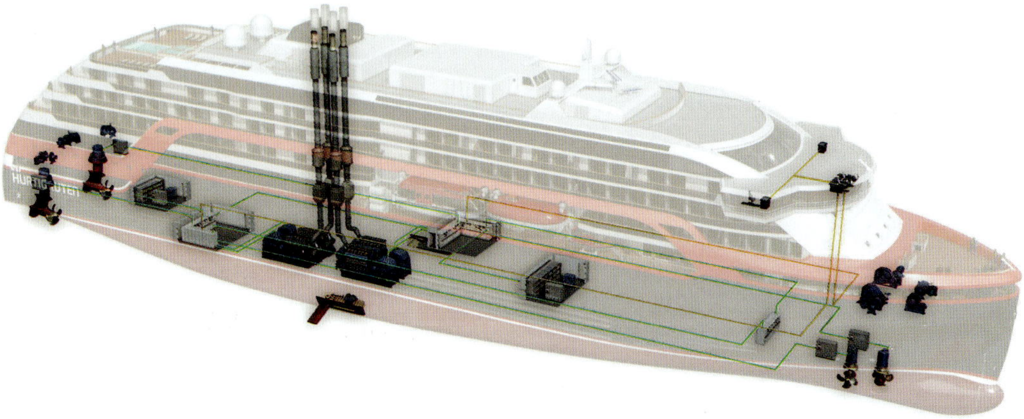

> 图253 “Roald Amundsen”号上的主动力装置

这艘邮轮中庭安装的LED屏幕高度为17.5米，为目前海上最高的LED屏幕，跨越7层甲板，并面对着3个透明的全玻璃电梯。通过采用最先进的LED技术，分辨率超过4K超高清屏幕之间无缝拼接，无边框显示。用这样一块屏幕来展示水下机器人从船外传输的现场直播或以船上桅杆为中心的360°全景，视觉冲击力无与伦比。这块屏幕还可以用来播放定制背景或岸上会场的演讲等内容。

> 图254 "蓝眼睛"水下机器人

参考文献

1. 上海交通大学出版社.船舶及海洋工程导论. 上海：上海交通大学出版社，1995.
2. 陈伟国，楼天福，张培信. 现代小型客货船研究. 船舶设计通讯，2002（1）：23–34.
3. 苗生.20世纪大西洋客轮的沉浮荣辱.现代舰船，1998（4）.
4. 崔燕.世界邮轮技术发展路径.中国船检，2011（9）：44–49.
5. 李兰美，黄斐，陈明铭.豪华邮轮建造特点初步分析.造船技术，2014（2）：10–14.
6. 徐亦琳.我国滚装船运输发展概述.中国水运，2003（12）：26–27.
7. 李源.客滚船经典船型探秘.船舶与配套，2012（4）：60–66.
8. 邵天俊.客滚船：集高速、便捷、舒适、环保于一体.航海，2008（3）：4–5.
9. 朱文博，杨筱梅.国内汽车渡运现状及船型发展设想. 江苏船舶，1996（6）：31–33.
10. 周玮. “生生2” 客滚船总体设计.船海工程，2014（5）：5–6.
11. 张敏捷.客滚船开发与设计研究. 船舶与海洋工程，2012（2）：21–26.
12. 孙家鹏，张敏健，杜拥军.豪华邮轮规范现状及发展趋势概述.船舶与海洋工程，2016（10）：67–71.
13. 李响. 军民融合领域的一次成功实践——“渤海翠珠”滚装船提升我军海上战略投送能力纪实.国防科技工业，2012（10）：52–53.
14. 迟宝璋.中国最大航程的跨海铁路轮渡——烟大铁路轮渡.船舶设计通讯，2007（3）：23–34.
15. 岳扬.以轮连南北，天堑变坦途——记我国第一艘跨海火车渡轮“粤海铁一号”.现代舰船，2003（4）：38–40.
16. 赵德成，葛兴东.长江船舶船型发展的回顾. 船海工程，1993（1）：27–33.
17. 刘淮.日本超高速客货船TSL.船艇，2006（2）：16–17.
18. 邢福.浅议中国掠海地效翼船现状.1998大连国际海事技术交流会论文集（第一卷），1998：15416–156.
19. 恽良，彭桂华.动力气垫地效翼船——21世纪水上高速客运的方向.船舶工程，1996（5）：7–15.
20. 高月.凌波踏浪非仙子——世界高性

能船舶的发展及其军用展望. 舰载武器，2004（12）：60–63.
21. 恽良，邬成杰. 面向21世纪的高性能船舶. 武汉造船，1997（03）：1–10.
22. 吴家鸣. 高性能船舶的类型及特点. 广东造船，2012（04）：46–51.
23. 崔燕. 揭秘“翔州1”号地效翼船. 中国船检，2014（04）：56–58.
24. 范军. 探险邮轮，下一个市场热点. 中国港口，2018（04）：33–35.

后 记

新中国成立以来，我国舰船与海洋工程装备从小到大，由弱变强，实现了跨越式发展，为捍卫我国海疆和保障国民经济的发展作出了巨大贡献。为了使广大青少年和公众读者了解到我国舰船研制的艰难历程和取得的成就，中国船舶及海洋工程设计研究院、上海市船舶与海洋工程学会、上海交通大学及上海科学技术出版社密切携手，编纂出版“国之重器——舰船科普丛书”，向中华人民共和国建国70周年献礼。

此套丛书编写得到曾恒一院士、潘镜芙院士以及80多位新老科学家的响应和支持，为其顺利出版奠定了基础。丛书编纂中，注重原创，努力将科学性、权威性、严谨性贯穿始终，把技术性、知识性、趣味性融于一体，把舰与船的专业知识从学术殿堂驶达青少年和公众读者的心田。

上海市船舶与海洋工程学会理事长邢文华、中国船舶及海洋工程设计研究院党委书记卢霖、江南造船（集团）有限责任公司董事长林鸥、沪东中华造船（集团）有限公司纪委书记胡敬东等领导对这套丛书的编撰出版予以多方支持和鼓励，并明确指示：该丛书的编撰是一项系统工程，要求高、时间紧、工作量大，要发挥科技人员的参与意识和普及“国之重器”科学知识的积极性，努力把丛书编好，使它成为一部向广大青少年和公众读者科学普及舰船知识，弘扬海洋文化，开展国防教育的好丛书。

100多位从事舰船及海洋工程科研、设计、建造的专家和老、中、青三代科技工作者参与了丛书的编写。撰写者大多是肩负科研任务的一线科研工作者，只能利用业余时间进行编写；他们不是专业的科普作者，但要完成从建造者到教育者、从设计员到讲解员的角色转换；学术著作可以精尖高深，科普文章却要浅显易懂，要像对学生上课一样，心口相传，绘声绘色，这对他们而言绝非易事。但面对困难，他们不曾退缩。在大家的心中，参与丛书编撰不仅是对投身舰船科研、设计、建造实践的重塑，更是为了中国造船事业后继有人、薪火相传。从领受编撰任务的那一天起，他们酝酿推敲、遴选谋篇、不辞辛劳、不舍昼夜，把对科学的爱、对祖国的情凝练成书香墨宝。

历经2年，这部丛书终于与读者见面了。丛书的编撰得到众多单位支持，并成立丛书专家委员会，严格遵循资料汇总、提纲拟制、内容撰写、审查把关、全稿统筹的编纂规律，先后多次召开书稿初审会、复审会和终审会，确保内容准确、权威。

因此，“国之重器——舰船科普丛书”具有以下特点：

一是广泛性。丛书涵盖了当今世界主要舰（船）种，内容包括舰船的诞生、发展历程、关键系统设备和发展前景等，是目前已出版舰船科普丛书中较齐全、较系统的一套科普丛书。

二是原创性。目前市场上有关舰船方面的科普图书屡见不鲜，但引进的多，原创的少，而这套丛书立足于国内舰船研制历程，经过精心策划，历经2年的努力原创而成。

三是权威性。丛书由中国船舶及海洋工程设计研究院、上海市船舶与海洋工程学会和上海交通大学主编，联合江南造船（集团）有限责任公司、沪东中华造船（集团）有限公司、上海外高桥造船有限公司、中国海洋石油集团有限公司等单位，还成立了由曾恒一院士、潘镜芙院士领衔的专家委员会对丛书内容进行专业技术上的把关，保证了此书的科学性和权威性。

四是充满情怀。习近平总书记指出：科技创新、科学普及是实现国家创新发展的两翼，要把科学普及放在与科技创新同等重要的位置。丛书正是基于这一精神向全民，特别是青少年介绍舰船科技知识，弘扬科学精神，传播科学思想和科学方法，激发爱国热情，使全民关心、热爱、支持国防建设和舰船事业的发展，为实现强军梦、强国梦尽一份心力。

五是集体创作。老、中、青100多位科技工作者参加丛书编撰，每分册从提纲到初稿、定稿，均经众人讨论、修改，所以说丛书是集体创作的成果。

丛书编写过程中参考了一些书籍和报刊，引用了一些观点和图片，在此表示诚挚的谢意。

贺慧琼、李银涛高级工程师参加本书的编写，并提供资料。在丛书出版发行之际，向各位专家、全体编撰人员，以及关心、支持丛书编撰出版的有关单位和个人表示崇高的敬意。

对于书中不妥之处，希望广大读者予以指正。

张　毅

2018年8月

国之重器——舰船科普丛书

出版工作委员会

主　任
温泽远

副主任
魏晓峰

执行主任
侯培东

策划编辑
楼玲玲　陈　立　潘慧中　陈晏平

编辑人员（以姓氏笔画为序）
王　辉　朱永刚　杨　燕　李　艳　李宏瑞　沈晓平　张　帆　张钰琼　陈　立　陈　晨
陈晏平　姚晨辉　高军晓　高爱华　黄丽芬　楼玲玲　潘慧中

美术编辑
赵　军　潘慧中

技术编辑
张志建　吕　伟　陈美生　王晓颖　王永容

责任校对
朱　虹　陈敏芳　卢文斌　李瑶君　翟　红

发行推广
罗小林　李　旻　杨　淦　朱旖旎　李宏瑞　陈　立　潘慧中　陈美生

特约顾问
田小川　李维靖

本书内容由中国船舶及海洋工程设计研究院审定。本书所使用的图片由中国船舶及海洋工程设计研究院、上海市船舶与海洋工程学会、上海交通大学、江南造船（集团）有限责任公司、沪东中华造船（集团）有限公司、上海外高桥造船有限公司、中国海洋石油集团有限公司、中船重工第七一四研究所、少年儿童出版社等提供。

特别说明：本书中可能存在未能联系到版权所有者的图片，请见书后与上海科学技术出版社联系。